essentials

essentials liefern aktuelles Wissen in konzentrierter Form. Die Essenz dessen, worauf es als „State-of-the-Art" in der gegenwärtigen Fachdiskussion oder in der Praxis ankommt. *essentials* informieren schnell, unkompliziert und verständlich

- als Einführung in ein aktuelles Thema aus Ihrem Fachgebiet
- als Einstieg in ein für Sie noch unbekanntes Themenfeld
- als Einblick, um zum Thema mitreden zu können

Die Bücher in elektronischer und gedruckter Form bringen das Expertenwissen von Springer-Fachautoren kompakt zur Darstellung. Sie sind besonders für die Nutzung als eBook auf Tablet-PCs, eBook-Readern und Smartphones geeignet. *essentials:* Wissensbausteine aus den Wirtschafts-, Sozial- und Geisteswissenschaften, aus Technik und Naturwissenschaften sowie aus Medizin, Psychologie und Gesundheitsberufen. Von renommierten Autoren aller Springer-Verlagsmarken.

Weitere Bände in der Reihe http://www.springer.com/series/13088

Steffen Ganghof

Forschungsdesign in der Politikwissenschaft

Eine theorieorientierte Perspektive mit Anwendungsbeispielen

Steffen Ganghof
Wirtschafts- und Sozialwissenschaften
Universität Potsdam
Potsdam, Deutschland

ISSN 2197-6708 ISSN 2197-6716 (electronic)
essentials
ISBN 978-3-658-24259-6 ISBN 978-3-658-24260-2 (eBook)
https://doi.org/10.1007/978-3-658-24260-2

Die Deutsche Nationalbibliothek verzeichnet diese Publikation in der Deutschen Nationalbibliografie; detaillierte bibliografische Daten sind im Internet über http://dnb.d-nb.de abrufbar.

Springer VS

Springer VS ist ein Imprint der eingetragenen Gesellschaft Springer Fachmedien Wiesbaden GmbH und ist ein Teil von Springer Nature
Die Anschrift der Gesellschaft ist: Abraham-Lincoln-Str. 46, 65189 Wiesbaden, Germany

Was Sie in diesem *essential* finden können

- eine Unterscheidung dreier grundlegender Typen von Forschungsdesigns in der Politikwissenschaft
- die Illustration der drei Typen anhand 14 qualitativer und quantitativer politikwissenschaftlicher Beispielstudien
- die Hervorhebung der Rolle von (formalen) Modellen für die politikwissenschaftliche Theoriebildung
- eine Diskussion der Bedeutung von politikwissenschaftlichen Theorien und ihrem Verhältnis zueinander für die Wahl eines angemessenen Forschungsdesigns
- Empfehlungen für die Kombination der drei grundlegenden Forschungsdesigns

Danksagung

Ich danke Sebastian Eppner, Ulrich Kohler, Alexander Pörschke, Dag Tanneberg sowie den Studierenden in meinem Abschlussarbeiten-Kolloquium an der Universität Potsdam für hilfreiche Kommentare und Annette Rühle für die Formatierung des Manuskripts.

Inhaltsverzeichnis

Beispielstudien

Einleitung 1

Sozialwissenschaftliche Forschung kann unterschiedlichen Designs folgen. Ein Forschungsdesign umfasst nach einer prominenten Definition die Forschungsfrage, die betrachtete(n) Theorie(n), die genutzten Daten und deren genaue Verwendung (King et al. 1994, 13). Auf dieser Basis unterscheidet das vorliegende Buch drei Typen von Forschungsdesigns.

Das *x-zentrierte Design* versucht einen theoretisch spezifizierten kausalen Effekt zu identifizieren. Dessen Größe soll möglichst genau und ohne Verzerrungen geschätzt werden. Der Fokus liegt in gewisser Weise auf einer einzigen Theorie: derjenigen, anhand derer der kausale Effekt theoretisch bestimmt wird. Andere Theorien dürfen dieser Spezifikation nicht widersprechen und kommen deshalb höchstens als Kontrollvariablen ins Spiel. Ich nenne dieses Design x-zentriert, da „x" in einem kausalen Erklärungsmodell in der Regel die Abkürzung für die erklärende Variable oder die Ursache ist.

Das *y-zentrierte Design* untersucht dagegen, wie mehrere komplementäre Theorien über kausale Effekte kombiniert werden können, um bestimmte Phänomene „möglichst gut" zu erklären. Damit ist nicht „möglichst vollständig" gemeint ist, denn wir haben häufig eine gut begründete Präferenz für sparsame Erklärungen. Ich nenne dieses Design y-zentriert, da „y" in der Regel für die zu erklärende oder abhängige Variable steht. Das Design strebt nach einem guten Erklärungs- oder Prognosemodell für die Varianz auf der abhängigen Variablen oder für das Zustandekommen eines bestimmten Ereignisses.

Das *kontrastive Design* ist dann relevant, wenn ein vermuteter kausaler Effekt theoretisch unterschiedlich ausformuliert werden kann. Das Ziel besteht dann darin, die *beste* der verfügbaren Spezifizierungen zu finden. Ich nenne das Design kontrastiv, da es darum geht die Erklärungskraft unterschiedlicher Theorien zu vergleichen oder zu kontrastieren.

S. Ganghof, *Forschungsdesign in der Politikwissenschaft,* essentials,
https://doi.org/10.1007/978-3-658-24260-2_1

Die drei Designs unterscheiden sich vor allem in ihren forschungsleitenden Fragestellungen sowie in ihrem Verständnis der relevanten wissenschaftlichen Theorien und deren Verhältnis zueinander. Sie sind für „qualitative" Forschung (Fallstudien) ebenso relevant wie für „quantitative" (statistische) Studien. Mein Ziel ist es, die drei Designs klar voneinander abzugrenzen, ihre jeweiligen Annahmen zu klären und ihre Vor- und Nachteile sowie Möglichkeiten und Grenzen ihre Kombination zu diskutieren.

Mir geht es nicht um die These, dass ein Design den anderen grundsätzlich überlegen ist. Im Gegenteil: Alle drei haben ihre Berechtigung, und jedes von ihnen kann häufig aus der Perspektive eines anderen Designs kritisiert werden. Sie lassen sich manchmal auch sinnvoll kombinieren. Dieses Buch soll den Lesern helfen, sich über die Annahmen und Entscheidungen der drei Designs oder ihrer Kombination klarer zu werden, diese offenzulegen und konsistent anzuwenden.

Die Argumentation wird anhand von 14 beispielhaften Studien verdeutlicht. Diese stammen aus der Politikwissenschaft, die gewonnenen Einsichten lassen sich indes grundsätzlich auch auf andere Sozialwissenschaften anwenden. Das Buch ist trotzdem kein einführendes Lehrbuch. Angesichts seiner Kürze können viele Aspekte des Forschungsdesigns nicht eingehender diskutiert werden (grundlegender z. B. King et al. 1994; Powner 2015). Es ist natürlich auch kein Ersatz für Lehrtexte, die detaillierter auf die Methodik von Fallstudien (z. B. Blatter und Haverland 2012; Rohlfing 2012; Siewert 2017), statistischen Studien (z. B. Greene 2012; Wooldridge 2013) oder kombinierten Studien eingehen (Seawright 2016; Goertz 2017) eingehen. In diesem Buch geht es um einige grundlegende Entscheidungen, die bei der Wahl eines Forschungsdesigns getroffen werden sollten, vor allem im Hinblick auf die zentralen Forschungsfragen und das Verständnis der relevanten Modelle und Theorien.

Eine begriffliche Klärung Die Unterscheidung zwischen x- und y-zentrierten Designs ist in der deutschsprachigen Methodenliteratur, vor allem in der Politikwissenschaft, seit längerem etabliert (Ganghof 2005a; Gschwend und Schimmelfennig 2007; Ebbinghaus 2009; Schöneck et al. 2012; Reiter und Töller 2014, 23; Wenzelburger et al. 2014, 73; Schnapp 2015; Kubbe 2016, 44). Sie hat allerdings starke Bezüge zur älteren und weiter verbreiteten englischsprachigen Unterscheidung zwischen *effects of causes* (EoC) und *causes of effects* (CoE). Ich verwende im Folgenden trotzdem die Begriffe „x-zentriert" und „y-zentriert", da die beiden Unterscheidungen keineswegs immer synonym verwendet werden.

Die englischsprachige Unterscheidung wird häufig in einem weitergehenden Sinne verstanden, der auch philosophische Konzeptionen von Kausalität umfasst (vgl. Goldthorpe 2001; Morton und Williams 2010; Goertz und Mahoney 2012;

Kittel und Morton 2012, 2). Die EoC-Perspektive basiert aus dieser Sicht auf einer „kontrafaktischen" Konzeption von Kausalität, wie sie von statistischen Studien üblicherweise unterstellt wird (Holland 1986; King et al. 1994, 76; Goldthorpe 2001). Die CoE-Perspektive verwendet auch andere Kausalitätskonzeptionen, zum Beispiel solche, die Kausalität in den (deterministischen) Begriffen notwendiger und hinreichender Bedingungen verstehen (Baumgartner 2009; Goertz und Mahoney 2012; Schneider und Wagemann 2012).

Die Terminologie von „x-zentrierten" und „y-zentrierten" Designs klammert diese philosophische Debatte über Kausalität aus. Die hier vorgenommene Unterscheidung der drei Designs ist auch dann nützlich, wenn wir uns ausschließlich im Rahmen der kontrafaktischen Konzeption bewegen. Ich diskutiere daher ausschließlich Beispielstudien, die mit dieser Konzeption kompatibel sind.

2 Drei Forschungsdesigns: Eine typologische Abgrenzung

Dieses Kapitel entwickelt eine einfache Typologie grundlegender Forschungsdesigns. Da diese Typologie theorieorientiert ist, sind zunächst einige Begriffsklärungen sinnvoll. Ich grenze den Begriff der Theorie zunächst von drei anderen Begriffen ab: Hypothese, formales Modell und Kausalmodell. Die Typologie selbst basiert auf der Unterscheidung zwischen konkurrierenden und komplementären Theorien. Abschließend diskutiere ich die Reichhaltigkeit und Sparsamkeit von Theorien.

Theorien und Hypothesen Eine Hypothese ist eine Vermutung über den Zusammenhang zwischen zwei oder mehr Variablen. Sie ist eine vorläufige Aussage, die weiteren Tests unterzogen werden muss. Eine Hypothese muss aber nichts darüber aussagen, *warum* der vermutete Zusammenhang bestehen könnte. Ich kann die Hypothese „Präsidentielle Demokratien sind instabiler als parlamentarische Demokratien" aufstellen, ohne eine Theorie darüber zu haben, warum dies so sein sollte.

Um die Warum-Frage zu beantworten, müssen wir *Annahmen über die Welt* treffen. Eine Theorie trifft Annahmen darüber, welche Eigenschaften bestimmte Aspekte der Welt haben. Aus diesen Annahmen werden die Hypothesen der Theorie logisch abgeleitet. Hypothesen sind dann logische *Implikationen* der theoretischen Annahmen. Politikwissenschaftliche Theorien sind überwiegend Handlungstheorien, in denen zum Beispiel Annahmen über die Ziele, Wahrnehmungen und Entscheidungskalküle politischer Akteure getroffen werden.

Theorien und formale Modelle Sozialwissenschaftler verwenden häufig formale (mathematische oder grafische) Modelle für die Theoriebildung. Formalisierte Theorien sind nicht unbedingt besser, aber ihre Modelle können uns helfen, die

S. Ganghof, *Forschungsdesign in der Politikwissenschaft*, essentials,
https://doi.org/10.1007/978-3-658-24260-2_2

von uns getroffenen Annahmen präzise zu formulieren und auf ihre logische Konsistenz hin zu überprüfen. Dadurch helfen sie uns auch klar zu spezifizieren, ob zwei Theorien *konkurrierend* oder *komplementär* sind. Formale Modelle können deshalb sehr hilfreiche Werkzeuge der Theoriebildung sein.

Modelle und Theorien sind aber nicht dasselbe, auch wenn die Begriffe häufig synonym verwendet werden. Der Grund ist, dass man Modelle streng genommen nicht testen kann. Sie sind „analytisch" wahr, also Tautologien. Ihre Schlussfolgerungen folgen logisch aus den Annahmen. Gleichzeitig sind die in Modellen gemachten Annahmen in der Regel sehr stark „idealisiert" und somit meist offensichtlich empirisch falsch. Modelle ziehen unangreifbar „wahre" Schlussfolgerungen aus offensichtlich „falschen" Annahmen. Was gibt es dabei zu testen? Das Kugel-Stab-Modell eines Wassermoleküls im Biologieunterricht können wir auch nicht testen. Wir können es nur *verwenden,* um bestimmte Aspekte der realen Welt zu beleuchten oder zu veranschaulichen.

Es ist deshalb wichtig, präzise mit den Begriffen umzugehen. Ich schlage vor, Hausmans (1992) Unterscheidung zwischen Theorie und Modell zu folgen. Eine modellbasierte *Theorie* besteht demnach aus zwei Komponenten: 1) dem Modell (oder einer Menge von Modellen) und 2) einer Art *allgemeinen Ähnlichkeitshypothese.* Diese postuliert, dass das Modell der Realität in bestimmter Weise hinreichend ähnlich ist. Erst die Ähnlichkeitshypothese richtet die Annahmen des Modells auf die reale Welt und gibt der Theorie dadurch einen empirischen Gehalt.

Diese Unterscheidung ist nicht auf die Sozialwissenschaften beschränkt. Zum Beispiel basiert auch die biologische Evolutionstheorie auf einem „set of models" (Rosenberg 2012, 176). Aufgrund der unzähligen erfolgreichen Tests kann sie trotzdem als „wahr" gelten (Coyne 2009), denn:

> a theory is really more than the set of models that take its name. It's that set along with the assertion that things in the world realize, satisfy, instantiate, exemplify these definitions sufficiently well to enable us to explain and predict their behavior (observable and unobservable) to some degree of accuracy (Rosenberg 2012, 176).

Die Unterscheidung von Theorie und Modell ist unter anderem deshalb wichtig, weil Modelle auch dann wichtige Erkenntnisse befördern können, wenn sie gar nicht durch eine Ähnlichkeitshypothese in Theorien übersetzt werden. Zum Beispiel können die Modelle der „Sozialwahltheorie" *(Social Choice)* wie Arrows (1951) Unmöglichkeitstheorem zu einer rein *konzeptionellen* Analyse eingesetzt werden. Mit ihrer Hilfe können wir etwa klären, ob vermeintlich sinnvolle Konzepte wie „Wählerwille" überhaupt eine logisch konsistente Bedeutung haben (Ingham 2019).

Umgekehrt gilt: Wenn Modelle aber durch eine Ähnlichkeitshypothese in Theorien übersetzt werden, dann können wir sie auch in logisch konsistenter Weise testen. Nehmen wir das Beispiel der Vetospielertheorie von Tsebelis (2002), auf das wir zurückkommen werden. Eine Basis dieser Theorie sind geometrische Modelle, die – zugespitzt formuliert – wenig mehr sind als eine Ansammlung von Kreisen, Strichen und Punkten auf Papier (oder auf einem Bildschirm). Kreise, Striche und Punkte kann man nicht „testen". Sie sagen für sich genommen gar nichts über die reale politische Welt aus. Tsebelis nimmt aber an, dass bestimmte Eigenschaften dieser Modelle eine hinreichend große Ähnlichkeit zu den Eigenschaften realer politischer Systeme haben. Er formuliert diese entscheidende Ähnlichkeitshypothese nicht explizit, aber sie ist für ihn selbstverständlich.

Bei der Übersetzung von Modellen in eine Theorie müssen häufig weitere Annahmen über die *Interpretation* der Modelle getroffen werden. Aus diesem Grund können dieselben Modelle zu unterschiedlichen Theorien führen. Zum Beispiel trifft Tsebelis (2002) bei der Interpretation seiner Modelle einige umstrittene Annahmen. Die von der Vetospielertheorie verwendeten Modelle können deshalb zu unterschiedlichen Theorien – oder unterschiedlichen *Varianten* der Vetospielertheorie – führen, aus denen auch unterschiedliche Hypothesen folgen können (West und Lee 2014; Ganghof und Schulze 2015; Ganghof 2017).

Theorien und Kausalmodelle Theorien sind auch von Kausalmodellen abzugrenzen, wie sie für die Zwecke empirischer Studien angenommen werden. Die Vetospielertheorie zum Beispiel ist eine allgemeine Theorie über politische Systeme, aus der sich ganz verschiedene Hypothesen ableiten lassen. Um eine dieser Hypothesen für eine ganz bestimmte abhängige Variablen zu untersuchen, muss *für diese abhängige Variable* jedoch auch ein Kausalmodell spezifiziert werden. Dieses gibt an, welche Störvariablen statistisch kontrolliert werden müssen, um den von der Vetospielertheorie implizierten kausalen Effekt korrekt zu identifizieren. In unserer ersten Beispielstudie im nächsten Kapitel spezifiziert Tsebelis (1999) ein Kausalmodell für die Variable „Anzahl der Arbeitsgesetze in westeuropäischen Demokratien". Dieses umfasst auch Variablen, über die seine Theorie nichts oder wenig zu sagen hat, z. B. die Rolle von Verbänden in der Arbeitspolitik. Seine Vetospielertheorie und das von ihm unterstellte Kausalmodell in einer bestimmten Studie sind also zwei unterschiedliche, aber sich überschneidende Mengen von Annahmen.

Konkurrierende und komplementäre Theorien Ich bezeichne zwei Theorien als konkurrierend, wenn sie *logisch inkonsistente* Annahmen über die relevanten (kausalen) Mechanismen treffen und somit nicht gleichzeitig „bestätigt" werden können.

Nimmt eine Theorie zum Beispiel an, dass sich Nationalstaaten nur *absolut* besserstellen wollen, und eine andere, dass sie nur nach *relativen* Vorteilen gegenüber anderen Staaten streben, dann sind diese beiden Theorien eindeutig konkurrierend (vgl. Beispiel 5 unten). Die beiden Annahmen können nicht gleichzeitig wahr sein.

Während konkurrierende Theorien *dieselben* Aspekte der Welt unterschiedlich modellieren, konzentrieren sich komplementäre Theorien in der Regel auf *unterschiedliche* Aspekte der Welt. Manche Theorien zur Herausbildung moderner Wohlfahrtsstaaten konzentrieren sich zum Beispiel auf die Stärke der Arbeiterbewegung, andere auf die Wählerunterstützung linker Parteien, wieder andere auf politische Institutionen wie Wahlsysteme oder Föderalismus. Diese Theorien sind nicht im engeren Sinne konkurrierend, da sie sich kombinieren lassen. Die Annahmen der jeweiligen Theorien können gleichzeitig wahr sein.

Der Begriff „konkurrierend" wird in der wissenschaftlichen Literatur häufig nicht so eng verwendet wie hier vorgeschlagen. Insbesondere werden auch logisch kompatible und somit komplementäre Theorien häufig als „konkurrierend" oder „rivalisierend" bezeichnet (vgl. etwa Rohlfing 2014). Dies mag zum Teil auch daran liegen, dass die Unterscheidung in Bezug auf konkrete Theorien und vor allem in qualitativen Studien nicht immer ganz leicht zu treffen ist (siehe Kap. 4).

Ich möchte in diesem Zusammenhang wiederum die Rolle von Modellen betonen. Diese vereinfachen zunächst die Analyse, indem sie idealisierende und zuspitzende Annahmen treffen. Politikwissenschaftliche Modelle nehmen zum Beispiel häufig an, dass eine bestimmte Handlungslogik allein das Verhalten der Akteure bestimmt. So verhielten sich Parteien bei der Bildung von Koalitionen zu Beispiel entweder rein ideologisch, rein Wiederwahl-orientiert oder rein Ämter-orientiert. In der realen Welt sieht dies natürlich anders aus. Diese verschiedenen Handlungsorientierungen können auch nebeneinander, in verschiedenen Kombination oder in unterschiedlichen Situationen auftreten. Ob unsere Theorien deshalb wirklich konkurrierend sind, hängt auch davon ab, welche forschungspraktischen Entscheidungen wir beim Übergang von Modellen zu Theorien treffen. Wenn wir die reinen und dadurch sehr einfachen Modelle direkt in Theorien übersetzen, dann bekommen wir auch konkurrierende Theorien, deren Erklärungskraft allerdings häufig sehr beschränkt ist. Wir können diese Erklärungskraft potenziell erhöhen, indem wir die Einsichten unterschiedlicher Modelle kombinieren, aber dann haben wir es offensichtlich nicht mehr mit konkurrierenden Theorien zu tun. Die Wahl eines Forschungsdesigns setzt deshalb nicht zuletzt bewusste und transparente Entscheidungen über das Verhältnis von Modellen und Theorien voraus.

Eine Typologie von Forschungsdesigns Nach diesen Klärungen können wir nun zur Typologie von Forschungsdesigns kommen. Mein Vorschlag ist in Abb. 2.1 dargestellt. Diese unterscheidet zunächst, ob eine Studie nur eine Theorie oder mehrere Theorien betrachtet, und dann, ob die relevanten Theorien als konkurrierend oder komplementär betrachtet werden. Mit diesen beiden Unterscheidungen lassen sich drei grundlegenden Forschungsdesigns abgrenzen, die wir im Folgenden eingehender betrachten.

1. *X-zentrierte Designs* fokussieren auf eine einzige Theorie. Wenn es andere konkurrierende Theorien gibt, werden diese ausgeblendet; komplementäre Theorien können zur Berücksichtigung von Kontrollvariablen führen.
2. *Y-zentrierte Designs* fokussieren auf die Kombination mehrerer Theorien, um eine möglichst „gute" Erklärung eines bestimmten Phänomens zu erreichen. Um kombinierbar zu sein, müssen sie auch komplementär sein.
3. *Kontrastive Designs* fokussieren auf zwei oder mehr konkurrierende Theorien und wollen bestimmen, welche von ihnen eine bestimmte Menge von Daten *besser* erklärt. Komplementäre Theorien kommen bestenfalls in der Form von Kontrollvariablen ins Spiel.

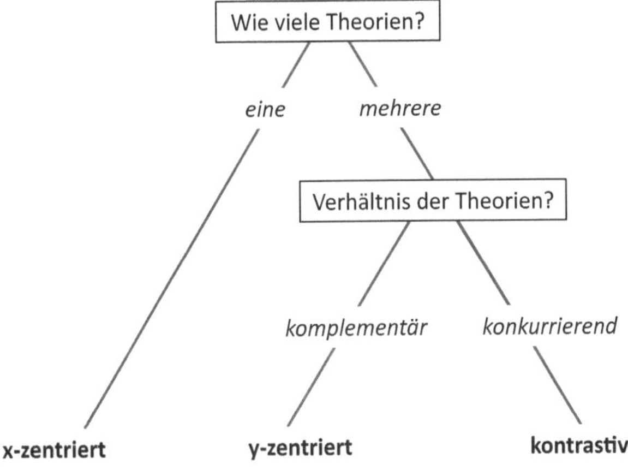

Abb. 2.1 Drei idealtypische Forschungsdesigns. (Quelle: Adaptiert von Ganghof (2016))

Die Reichhaltigkeit von Theorien (in Bezug auf die ableitbaren Hypothesen) Die Typologie sagt nichts darüber aus, wie reichhaltig („rich") die betrachteten Theorien sind (vgl. Huber 2017, 107–113). Eine wenig reichhaltige Theorie impliziert nur eine einzige Hypothese (z. B. $x_1 \rightarrow y_1$). Eine reichhaltigere impliziert mehrere gleichzeitige Wirkungen einer erklärenden Variablen (z. B. $x_1 \rightarrow y_1$ und $x_1 \rightarrow y_2$) oder, noch besser, mehrere gleichzeitige Wirkungen *unterschiedlicher* erklärender Variablen (z. B. $x_1 \rightarrow y_1$ und $x_2 \rightarrow y_2$).

Ich betone diese Unterschiede zwischen Theorien, weil manche Autoren sie gleichsam in die *Definition* von Forschungsdesigns einbauen. Sie verwenden zum Beispiel den Begriff „x-zentriert" nur für Designs, in denen mehrere Implikationen einer Theorie gleichzeitig getestet werden (Plümper 2012, 22–23). Ich halte es dagegen für sinnvoll, die Definition idealtypischer Forschungsdesigns von der Reichhaltigkeit von Theorien zu trennen.

In der Praxis kann es aber durchaus Wahlverwandtschaften zwischen bestimmten Theorien und bestimmten Designs geben. Das x-zentrierte Design verlangt einen möglichst präzisen Fokus und letztlich eine möglichst „experimentelle" Herangehensweise, in der bestimmte Formen der Randomisierung eingesetzt oder imitiert werden. Diese Konzentration auf die korrekte Identifikation kausaler Effekte kann zu einer Konzentration auf Theorien mit wenigen Implikationen beitragen. Autoren wie John D. Huber (2017, 101) befürchten, dass dadurch bestimmte Forschungsfragen in den Hintergrund rücken. Manche reichhaltigen Theorien lassen sich nicht so leicht (quasi-)experimentell testen (Huber 2017, 107–113). Dafür lassen sie sich *kontrastiv* besonders gut testen. Denn es ist unwahrscheinlicher, dass es viele konkurrierende Theorien gibt, aus denen sich dieselben *heterogenen* Hypothesen ableiten lassen.

> [T]heories as conceptualized here, are more than explanations of singular empirical relationships, and … empirical support for theories therefore requires *constellations of evidence about different types of relationships*. To the extent that such evidence exists, and to the extent that it is difficult to develop alternative explanations for the *constellations* themselves, we can have greater confidence in the theory. (Huber 2017, 110; Hervorhebung im Original)

Wir müssen diesen Punkt im Folgenden auch im Auge behalten, wenn wir kontrastive Theorietests betrachten, die eine reichhaltige Theorie wie die Vetospielertheorie von George Tsebelis (2002) gegen weniger reichhaltige Theorien testen.

Die Sparsamkeit von Theorien und Erklärungen (in Bezug auf die Annahmen) Eine „reichhaltige" Theorie darf nicht verwechselt werden mit einer „komplizierten" Theorie. Was ich im Anschluss an Huber (2017) als reichhaltig bezeichnet habe, bezieht sich auf die *beobachtbaren Implikationen* (Hypothesen) einer Theorie. Diese sollten idealerweise zahlreich und vielfältig sein. Für die *Annahmen* einer Theorie oder einer Erklärung gilt laut einem verbreiteten Prinzip der Wissenschaft das Gegenteil: diese sollten möglichst begrenzt und einfach sein. Das Ideal besteht darin „möglichst viel" mit „möglichst wenig" zu erklären. Die eben genannte Vetospielertheorie, auf die wir mehrfach zurückkommen werden, ist ein Beispiel für eine Theorie, die sowohl sparsam (in ihren Annahmen) als auch reichhaltig (in ihren Implikationen) ist.

Die wissenschaftliche Präferenz für sparsame Theorien oder Erklärungen wird häufig Sparsamkeitsprinzip („principle of parsimony") oder Ockhams Rasiermesser genannt. Es besagt, dass „a theory that postulates fewer entities, processes or causes is better than a theory that postulates more, so long as the simpler theory is compatible with what we observe" (Sober 2015, 2).

Wir können an dieser Stelle nicht tiefer in die Begründung des Sparsamkeitsprinzips einsteigen, über die es in der Wissenschaftstheorie auch keine Einigkeit gibt. Laut einer plausiblen Position ist Sparsamkeit letztlich kein Wert an sich, aber unser Streben danach führt uns in der Regel zu den relativ *wahrscheinlicheren* Theorien oder Hypothesen. Das muss aber nicht immer so sein. In Sobers (2016, 400; Hervorhebung im Original) Worten: „When likelihood and parsimony conflict I say: *so much the worse for parsimony.* When they agree, I take that agreement to provide a likelihood justification of parsimony."

Unabhängig von seiner tieferen Begründung müssen wir das Sparsamkeitsprinzip in allen drei Designs berücksichtigen. Was wir in diesem Zusammenhang als „Erklärungsleistung" verstehen, kann sich zwischen den Designs stark unterscheiden.

- In y-zentrierten Designs sollten wir die Komplexität der kombinierten Gesamterklärung zu deren Erklärungsleistung ins Verhältnis setzen. Die statistische Literatur hat hierfür eine Reihe von Maßzahlen entwickelt. Ein einfaches Beispiel ist das korrigierte R^2. Aber auch qualitative Studien sollten niemals nach einem vermeintlichen Ideal „vollständiger" Erklärungen streben.
- In einer kontrastiven Studie kommt es nicht darauf an, wie gut die verglichenen Theorien die Varianz auf der abhängigen Variablen erklären, sondern welche der beiden Theorien *mehr* Varianz erklärt. Aber auch in diesem Vergleich müssen wir die Komplexität der verglichenen Theorien berücksichtigen. Und wir müssen berücksichtigen, wie reichhaltig und erklärungskräftig die verglichenen Theorien jenseits der jeweiligen Studie sind (vgl. Beispiel 6).

- In einer x-zentrierten Studie kommt es ebenfalls nicht auf die erklärte Varianz an, sondern darauf, wie korrekt ein kausaler Effekt identifiziert und geschätzt wird. Aber: Wir müssen auch im Blick behalten, wie viel besser oder tiefer unser Verständnis der Welt durch diese Schätzung wird. Wenn ein perfekt identifizierter und geschätzter kausaler Effekt trivial ist und einen Großteil der relevanten kausalen Fragen ausblendet, trägt die Schätzung nicht unbedingt viel zu unserem Verständnis der Welt bei (vgl. Beispiel 1).

Das x-zentrierte Forschungsdesign 3

X-zentrierte Designs versuchen einen theoretisch spezifizierten kausalen Effekt (oder wenige solcher Effekte) zu identifizieren und seine Größe möglichst genau zu schätzen. Wir *identifizieren* kausale Effekte, indem wir die Störvariablen benennen, die berücksichtigt werden müssen, um den Effekt ohne Verzerrung schätzen zu können (z. B. Elwert 2013). Diese Berücksichtigung folgt idealerweise durch Randomisierung im Rahmen eines Experiments. In Studien mit Beobachtungsdaten muss sie durch Kontrollvariablen erfolgen. Kontrollvariablen stehen nicht für konkurrierende, sondern für komplementäre Theorien (vgl. Abb. 2.1). Wenn die Theorie hinter einer Kontrollvariable der theoretischen Spezifikation des zu schätzenden kausalen Effekts von x auf y logisch widerspräche, dann wäre ein kontrastives Design zu erwägen (Kap. 4).

In einem x-zentrierten Design müssen wir also immer zwischen einer (oder wenigen) zentralen Erklärungsvariablen einerseits und den Kontrollvariablen andererseits unterscheiden (King et al. 1994; Sieberer 2007, 263). Diese Unterscheidung ist in einem y-zentrierten Design sinnlos, da alle Variablen zur Erklärung des Phänomens beitragen sollen (Kap. 5). In einem x-zentrierten Design können wir dagegen solche Variablen vernachlässigen, für die wir annehmen, dass sie keinen kausalen Effekt auf unsere zentrale Erklärungsvariablen und/oder auf die abhängige Variable haben.

Kontrollieren müssen wir dagegen grundsätzlich für Variablen, die aus theoretischer Perspektive sowohl einen Effekt auf unsere kausale Schlüsselvariable als auch die abhängige Variablen ausüben. Komplizierter wird es dann, wenn manche dieser potentiellen Kontrollvariablen gar nicht aufgenommen werden können (z. B. aufgrund fehlender Daten). Viele Autoren warnen in diesem Fall davor, *möglichst viele* Kontrollvariablen aufzunehmen und plädieren eher für wenige solcher Variablen (z. B. Clarke 2005; York 2018).

S. Ganghof, *Forschungsdesign in der Politikwissenschaft,* essentials,
https://doi.org/10.1007/978-3-658-24260-2_3

Etwas komplizierter sind auch die Regeln des x-zentrierten Designs für Variablen, die *zwischen* unserer Schlüsselvariablen und der abhängigen Variablen stehen ($x \rightarrow ? \rightarrow y$). Diese werden häufig als Mediatoren oder Mechanismen bezeichnet. Einerseits entspricht es der x-zentrierten Philosophie, genauer verstehen zu wollen, *wie* ein bestimmter kausaler Effekt erzeugt wird. Die Analyse von Mediatoren kann deshalb sinnvoll sein. Andererseits kann deren Kontrolle aber auch zu neuen Verzerrungen und somit zu falschen Schlussfolgerungen führen. Die Abwägung der Vor- und Nachteile muss im Einzelfall und mit Bezug auf das jeweils unterstellte Kausalmodell getroffen werden (siehe etwa Elwert 2013; Rohrer 2018).

Wichtig ist, dass die x-zentrierte Forschungslogik auch schon bei der Formulierung der eigentlichen Fragestellung ansetzen kann (vgl. auch Goldthorpe 2001; Achen 2002). Wenn eine Frage sehr breit und anspruchsvoll formuliert ist und ein komplexes empirisches Erklärungsmodell mit vielen Kontrollvariablen notwendig machen würde, dann kann es sinnvoll sein, die Fragestellung deutlich zu verengen und den eigenen Erklärungsanspruch zunächst herunterzuschrauben. Eine Möglichkeit besteht zum Beispiel darin, homogenere Fälle zu betrachten (z. B. nur Demokratien oder nur solche mit parlamentarischen Regierungssystemen). Eine andere Möglichkeit besteht darin, Ursache und Wirkung näher aneinander zu rücken. Betrachten wir zu diesen Strategien ein erstes Beispiel.

Beispiel 1: Vetospieler in der Arbeitsgesetzgebung in Westeuropa (Tsebelis 1999)

Die Vetospielertheorie (Tsebelis 2002) ist unter anderem eine Theorie darüber, wie Koalitionsregierungen in parlamentarischen Regierungssystemen zu Entscheidungen kommen. Eine ihrer zentralen theoretischen Annahmen lautet, dass jede Koalitionspartei bei jeder Entscheidungsfrage ein Vetorecht besitzt, und zwar unabhängig von ihrer Größe oder ihres Zugriffs auf ein bestimmtes Ministerium.

Es gibt mehrere bekannte Konkurrenztheorien (vgl. auch Beispiel 4), die Tsebelis' (1999) x-zentrierte Studie jedoch ausblendet. Seine eigene Theorie der relevanten kausalen Mechanismen wird vielmehr als korrekt angenommen, um die Größe des unterstellten kausalen Effekts zu schätzen. Der Autor leitet aus seiner Theorie unter anderem die Hypothese ab, dass die ideologische Distanz zwischen Vetospielern einen negativen Effekt auf die Anzahl bedeutsamer Gesetze hat. Diese Hypothese wird anhand eines Datensatzes über arbeitsrechtliche Gesetze in europäischen Demokratien zwischen 1981 und 1991 getestet. Die empirische Korrelation zwischen den gemessenen Vetospieler-Distanzen und der Anzahl der Arbeitsgesetze stützt die Vetospielertheorie – in begrenztem Maße (vgl. Kap. 4).

Tsebelis (1999, 603) bezieht zwar in seinem Kausalmodell einige kurz diskutierte Kontrollvariablen wie zum Beispiel das Verbändesystem (Korporatismus) ein, diese stehen jedoch in keinem theoretischen Widerspruch zu seiner Theorie. Sie fangen komplementäre Kausalmechanismen ein, etwa die Idee, dass es weniger Gesetze braucht, wenn Verbände in der Arbeitspolitik eine größere Rolle spielen. Die Anzahl relevanter Kontrollvariablen wird auch durch ein homogenes Sample reduziert (parlamentarische Regierungssysteme).

Überdies rücken Ursache und Wirkung im Vergleich zu anderen Studien nah zusammen. Huber et al. (1993) haben zum Beispiel den Effekt von Vetoinstitutionen, wie zum Beispiel zweiten Kammern, auf Sozialausgaben geschätzt. Indem Tsebelis Ursache (Vetospieler-Präferenzen) und Wirkung (Anzahl von Gesetzen) näher aneinanderrückt, wird die korrekte Identifikation und Schätzung eines kausalen Effekts leichter, aber das dadurch erreichte Verständnis der Welt nicht unbedingt besser. Wir wissen nicht, wie die Vetospieler zu ihren Präferenzen gekommen sind oder welchen substantiellen Unterschied viele oder wenige Arbeitsgesetze machen (Ganghof 2003).

Wichtig ist auch: Die von Tsebelis abgeleiteten kausalen Hypothesen folgen nicht direkt aus den formalen Modellen, sondern auch aus Zusatzannahmen über die Interpretation der formalen Modelle sowie über das Kausalmodell für die abhängige Variable (d. h. die relevanten Kontrollvariablen). Andere Autoren treffen andere Zusatzannahmen und kommen deshalb mit Bezug auf dieselben Modelle und dieselben Daten über Arbeitsgesetze zu teils anderen Hypothesen und Schlussfolgerungen (West und Lee 2014).

Die Studie von Tsebelis ist explizit auch als Test seiner sehr umfassenden Theorie gedacht. X-zentrierte Studien können jedoch auch aus dem Versuch hervorgehen, ganz konkrete „Rätsel“ zu lösen. Entscheidend ist dann aber, dass die *Entwicklung* einer theoretischen Erklärung für das jeweilige Rätsel vom *Test* dieser Erklärung getrennt wird. Beispielhaft dafür ist eine Studie von Barbara Geddes.

Beispiel 2: Patronage und Verwaltungsreform in Lateinamerika (Geddes 1994)

Barbara Geddes (1994) untersucht die Bedingungen, unter denen lateinamerikanische Demokratien die Patronage im öffentlichen Dienst bekämpfen. Ihr Ausgangsrätsel sind die im südamerikanischen Vergleich überdurchschnittlichen wirtschaftlichen Wachstumsraten Brasiliens zwischen 1930 und 1980. Geddes erklärt diese Beobachtung zum Teil mit erfolgreichen staatlichen Interventionen, die sie wiederum partiell auf administrative Reformen der Modernisierungsdiktatur Getúlio Vargas' (1937–1945) zurückführt. Entsprechende administrative

Reformen waren zuvor gescheitert und wurden nach der Demokratisierung (1945–1964) teilweise wieder zurückgenommen oder abgeschwächt (Geddes 1994; Kap. 3). Dies führt Geddes zu der Frage, warum die Verwaltungsmodernisierung (insb. der Übergang zu meritokratischen Einstellungsregeln) in Brasilien unter demokratischen Bedingungen so schwierig war.

Geddes entwickelt zunächst eine Erklärung des brasilianischen Falls. Dafür unternimmt sie detaillierte Prozessanalysen auf der Grundlage des historischen Materials und vergleicht dabei Brasilien (implizit) entlang unterschiedlicher Dimensionen mit anderen Ländern. Die daraus entstehende theoretische Erklärung für die gescheiterten brasilianischen Reformversuche ist, etwas vereinfacht, folgende. Für Abgeordnete hat die Wahrscheinlichkeit ihrer Wiederwahl eine große Bedeutung. Sie hätten zwar einen gewissen Nutzen aus einer effizienz-orientierten Verwaltungsreform, dieser sei jedoch in der Regel viel kleiner als der Nutzen, der daraus entsteht, dass Parteiaktivisten und Wahlhelfern Verwaltungsjobs verschafft werden können. Geddes bricht ihr ursprüngliches Forschungsinteresse an Wachstumspolitik im Allgemeinen also herunter in eine sehr viel bescheidenere und spezifischere Fragestellung. Sie spitzt ihre partielle (und hypothetische) Erklärung des brasilianischen Falls im Rahmen eines spieltheoretischen Modells so zu, dass beobachtbare Implikationen abgeleitet werden können.

Geddes' modell-basierte Theorie impliziert, dass effizienz-orientierte Reformen dann möglich werden, wenn die beiden größten Parteien oder Koalitionen über längere Zeit ungefähr die gleiche Anzahl von Sitzen haben und damit rechnen können, dass dies auch in Zukunft so sein wird. Dahinter steht folgende Idee: Eine ähnliche Anzahl von Sitzen über längere Zeit impliziert einen ähnlichen guten Zugang zu Patronage. Dies wiederum bedeutet, dass die beiden Parteien(-koalitionen) durch eine effizienz-orientierte Verwaltungsreform keine relativen Verluste bei den nächsten Wahlen befürchten müssen. Daher reicht selbst ein bescheidener Nutzen aus der Verwaltungsreform aus, um diese Reform attraktiv zu machen. Es ist diese beobachtbare Implikation ihrer Theorie, die im Zentrum von Geddes' x-zentriertem Vergleich steht. Geddes testet diese Hypothese anhand von fünf hinreichend ähnlichen lateinamerikanischen Ländern (Brasilien, Chile, Kolumbien, Uruguay und Venezuela) und sieht sie bestätigt.

Das kontrastive Forschungsdesign 4

Das Plädoyer für kontrastive Designs ist teilweise mit einer Kritik x-zentrierter Designs verbunden, denn letztere werden häufig falsch interpretiert und manchmal falsch eingesetzt. Statistische Studien mit x-zentriertem Design schätzen die Größe eines *theoretisch spezifizierten* kausalen Effekts. Sie testen nicht die Korrektheit der theoretischen Annahmen über die kausalen Mechanismen oder das unterstellte Kausalmodell selbst. In der Praxis indes werden x-zentrierte Studien häufig so interpretiert. Insbesondere wird ein statistisch signifikanter und „hinreichend" großer Effekt häufig als „Bestätigung" der Theorie verstanden. Dies ist jedoch ein logischer Fehlschluss. Wenn wir aus einer Theorie eine Hypothese ableiten und Evidenz für diese Hypothese finden, folgt daraus keine Bestätigung der Theorie. Der Grund ist, dass es viele andere Theorien geben kann, die genauso gut oder besser mit der vorhandenen Evidenz im Einklang sind.

Methodiker und Wissenschaftstheoretiker haben daraus gefolgert, dass logisch valide Theorietests vergleichend oder „kontrastiv" sein müssen: Sie müssen eine Theorie gegen mindestens eine konkrete Alternative testen. Aus dieser Sicht kann eine Theorie niemals *absolut* bestätigt werden. Sie kann nur *besser* bestätigt sein als eine genau bestimmte Menge bestehender Konkurrenztheorien. Die Vergleichstheorien können dabei von Test zu Test variieren:

> Theory testing is a contrastive activity. If you want to test a theory *T*, you must specify a range of alternative theories – you must say what you want to test *T against*. There is a trivial reading of this thesis that I do not intend. To find out if *T* is plausible is simply to find out if *T* is more plausible than not-*T*. I have something more in mind: there are various contrasting alternatives that might be considered. If *T* is to be tested against *T'*, one set of observations may be pertinent; but if *T* is to be tested against *T''*, a different set of observations may be needed. By varying the contrasting alternatives, we formulate genuinely different testing problems (Sober 1990, 400; Hervorhebung im Original).

S. Ganghof, *Forschungsdesign in der Politikwissenschaft*, essentials,
https://doi.org/10.1007/978-3-658-24260-2_4

Das bedeutet nicht, dass man niemals ein x-zentriertes Design wählen sollte, wenn es Konkurrenztheorien gibt. Erstens ist die „Bestätigung" einer Theorie ein hoher Anspruch (vgl. Dowding 2016. 106–7). Häufig geben wir uns aus guten Gründen damit zufrieden, eine Theorie durch empirische Evidenz zu *stützen*. Dies gilt besonders für neue Theorien. Wissenschaft ist ein kollektiver Prozess, in dem wir nicht alles auf einmal machen können. Der in Beispiel 1 diskutierte Test der Vetospielertheorie hat diese Theorie natürlich nicht „bestätigt". Die vorgebrachte Evidenz stützt streng genommen *alle denkbaren Theorien*, aus denen sich die getesteten Hypothesen ableiten lassen (vgl. Dowding 2016: 112). Trotzdem hat die Studie dazu beigetragen, die Vetospielertheorie als ernsthafte Konkurrentin anderer Theorien zu etablieren. Kontrastive Studien können darauf aufbauen.

Zweitens sind wir natürlich auch daran interessiert, wie gut die Erklärungsleistung einer Theorie *absolut* ist. Zu wissen, dass Theorie A einen bestimmten Datenbestand besser erklärt als Theorie B, ist nur von begrenztem Interesse, wenn beide eine sehr geringe Erklärungskraft haben (Clarke und Primo 2012, 160). Diese Situation ist in den Sozialwissenschaften leider gar nicht so selten. Wir können zum Beispiel die Interaktion zwischen politischen Akteuren unterschiedlich modellieren (vgl. Beispiele 3 und 4 unten). Da aber die Präferenzen dieser Akteure durch tieferliegende ökonomische oder soziale Faktoren beschränkt werden, erklären diese Faktoren häufig auch einen viel größeren Teil der empirischen Varianz staatlicher Politik (vgl. Ganghof 2005b).

Beispiel 3: Die Ratifizierung von ILO-Konventionen (Boockmann 2006)

Bernhard Boockmann (2006) vergleicht Tsebelis' Vetospielertheorie mit einer Konkurrenztheorie. Eingebettet ist dieser Theorievergleich in eine Analyse der Ratifizierung von Konventionen der internationalen Arbeitsorganisation (ILO) in 17 Demokratien zwischen 1960 und 1996. Der Autor nimmt an, dass es innerstaatliche Akteure gibt, die für die Ratifizierungsentscheidung besonders kritisch sind, und betrachtet zwei konkurrierende Theorien darüber, wer die kritischen Akteure sind:

1. Die *Vetospielertheorie* nimmt an, dass alle Regierungsparteien bei jeder Gesetzgebung Vetospieler sind.
2. Die *Theorie der Ministerialregierung* nimmt dagegen an, dass die Partei, die das zuständige Ministerium besetzt, allein entscheidet.

Boockmann schätzt demnach zwei getrennte statistische Modelle, in denen politische Ratifizierungsprozesses unterschiedlich modelliert wird. Im ersten wird die inhaltliche Position der Regierung durch den inhaltlich entferntesten

Vetospieler bestimmt, im zweiten durch die Parteiposition des zuständigen Ministers, hier des Arbeitsministers. Die Erklärungskraft der beiden statistischen Modelle vergleicht Boockmann anhand statistischer Maßzahlen. Er verwendet den von Clarke (2007) entwickelten Vergleichstest. Boockmann kommt zu dem Schluss, dass die Theorie der Ministerialregierung die Daten besser erklärt als die Vetospielertheorie (Boockmann 2006, 170).

Die Diskussion über den systematischen statistischen Vergleich von Theorien steht in der Politikwissenschaft noch relativ am Anfang (Imai und Tingley 2012). Ein umstrittener Ansatz des Theorievergleichs besteht darin, unterschiedliche Theorien in einem statistischen Gesamtmodell zusammenzufassen. Dieses „Supermodell" enthält dann alle erklärenden Variablen, die aus den konkurrierenden Theorien abgeleitet werden können (Clarke 2001, 730; Greene 2012, 175). Dieser Ansatz hat gewisse Ähnlichkeiten zum y-zentrierten Design und wird als „atheoretical" (Clarke 2001, 731) kritisiert. Der Grund ist klar: Wenn die Festlegung des statistischen Modells *theoretisch* erfolgen soll, dann bräuchten wir auch eine übergreifende Theorie. Diese „Supertheorie" müsste zeigen, wie die einzelnen Theorien kohärent integriert werden können. Die Möglichkeit einer solchen Theorie passt aber nicht zur Ausgangsannahme kontrastiver Designs: konkurrierende, logisch inkompatible Theorien.

In der Praxis greifen Studien aber weiterhin auf statistische „Supermodelle" zurück – zumindest zusätzlich zu statistischen Vergleichstests. Ein Beispiel dafür ist die statistische Studie von Martin und Vanberg (2014) zur Gesetzgebung von Koalitionen.

Beispiel 4: Entscheidungsfindung in Koalitionen (Martin und Vanberg 2014)

Die Autoren fragen danach, welche Parteien sich in Koalitionsregierungen mit ihren inhaltlichen Präferenzen am stärksten durchsetzen. Ihr Forschungsdesign ist beispielhaft kontrastiv. Anhand von Gesetzgebungsdaten aus Dänemark, Deutschland und den Niederlanden werden drei Theorien gegeneinander getestet:

1. Die *Theorie der Ministerialregierung* erwartet, dass sich die Partei des jeweiligen Fachministers durchsetzt (Laver und Shepsle 1996).
2. Die *Theorie des gewichteten Kompromisses* erwartet, dass sich die Parteien proportional zu dem Sitzanteil durchsetzen, den sie in die Koalition einbringen.
3. Die *Medianwähler-Theorie* erwartet, dass sich die Partei durchsetzt, die den mittleren Abgeordneten – oder Median-Abgeordneten – im jeweiligen Politikfeld in ihren Reihen hat.

Um diese drei Theorien zu testen, untersuchen die Autoren, wie stark Gesetzesvorschläge der Ministerien im Gesetzgebungsprozess verändert werden. Dabei kombinieren sie drei unterschiedliche Arten des Vergleichs. Erstens fundiert die Theorie der Ministerialregierung die „Nullhypothese", wonach die Änderungen an einem Gesetzesvorschlag überhaupt nicht systematisch mit politischen Konflikten innerhalb der Koalition variieren sollten. Zweitens verwenden sie den statistischen Test von Clarke (2007), um die Erklärungskraft der anderen beiden Theorien zu vergleichen. Schließlich schätzen sie auch ein statistisches „Supermodell", welches die Theorien integriert. Die Autoren kommen insgesamt zu dem Schluss, dass die Theorie des gewichteten Kompromisses die vorliegenden Daten am besten erklärt.

Im Bereich qualitativer Studien sind strikt kontrastive Designs gar nicht so leicht zu finden. Auch dies hat teilweise mit der Rolle formaler Modelle zu tun. Diese können, wie erwähnt, den Konkurrenzcharakter von Theorien deutlicher machen, allerdings ist es in qualitativen Studien häufig kaum möglich, sehr stark idealisierte und vereinfachte Modelle direkt als *Theorien* zu verstehen und entsprechend zu testen (vgl. Kap. 2). Wenn wir die relevanten Theorien allerdings realistischer machen und an den jeweiligen Kontext anpassen, dann müssen oder können diese häufig auch nicht mehr als konkurrierend angesehen werden (vgl. Kap. 5).

Lehrtexte zu Fallstudien betonen häufig den Theorievergleich, halten ihn aber auch dann für sinnvoll, wenn die betrachteten Theorien eher komplementär als konkurrierend sind (Blatter und Haverland 2012; Rohlfing 2014). Im Folgenden konzentriere ich mich auf zwei Beispiele vergleichender Theorietests mit im engeren Sinne konkurrierenden Theorien.

Beispiel 5: Abbau nicht-tarifärer Handelshemmnisse im GATT (Grieco 1990)

Joseph M. Grieco (1990) analysiert die Regelungen zum Abbau nicht-tarifärer Handelshemmnissen (NTH) im Rahmen der Tokio-Runde des GATT *(General Agreement on Tariffs and Trade),* um zwei grundlegende konkurrierende Theorien der internationalen Beziehungen gegeneinander zu testen: den (Neo-) Realismus und (neo-)liberalem Institutionalismus. Laut Grieco nimmt der Neorealismus an, dass Staaten nach *relativen* Gewinnen gegenüber anderen Staaten streben, während es ihnen laut des Neoliberalismus um *absolute* Gewinne geht. Grieco konkretisiert den liberalen Institutionalismus dahingehend, dass es den Vertragspartnern des GATT vor allem um das Vermeiden von „Mogeln" ginge. Unterschiede in der Mogelanfälligkeit könnten aber nicht erklären, warum manche NTH-Regelungen erfolgreich waren und andere nicht. Die bessere Erklärung sei, dass die gescheiterten Regelungen den Vereinigten Staaten von Amerika *relative Vorteile* gegenüber der Europäischen Gemeinschaft (EG) verschafft hätten. Der Neorealismus erkläre das Verhalten der EG und den unterschiedlichen Erfolg des NTH-Abbaus also besser (vgl. zu den Details auch List et al. 1995, 172–174).

Der theorievergleichende Charakter qualitativer Studien ist nicht immer ganz offensichtlich. Dies kann dann der Fall sein, wenn die zentrale Hypothese der einen Theorie von der anderen Theorie explizit verneint wird. Letztere stellt dann gleichsam die theoretische Unterfütterung der „Nullhypothese" dar. Betrachten wir auch dazu ein Beispiel.

Beispiel 6: Das Verhalten von Vetospielern (Ganghof und Bräuninger 2006)

Steffen Ganghof und Thomas Bräuninger (2006) kritisieren eine bestimmte Annahme der Vetospielertheorie: die Annahme, dass Parteien nur an politischen Inhalten („Policy") interessiert sind. Sie schlagen eine veränderte Nutzenfunktion für Vetospieler vor, der zufolge die Zustimmung einer Partei zu einem Gesetzgebungsvorschlag nicht nur davon abhängt, ob dieser besser ist als der Status Quo, sondern auch von den Konsequenzen für ihr wahrscheinliches Abschneiden bei der nächsten Wahl („Votes") oder für den Erwerb oder Erhalt von Regierungsämtern („Office").

Eine zentrale Implikation der vorgeschlagenen Variante der Vetospielertheorie ist, dass die Zustimmungswahrscheinlichkeit einer Partei nicht nur von ihrer inhaltlichen Position abhängt, sondern auch von ihrem „Regierungsstatus". Parteien können entweder Teil der Regierung sein oder Teil der Opposition oder „neutral". Neutrale Parteien sind solche, die auch in absehbarer Zukunft keine realistische Chance auf eine Regierungsbeteiligung und deshalb auch nicht Teil der Opposition im engeren Sinne sind. Solche Parteien gibt es zum Bespiel in der zweiten Parlamentskammer Australiens. Da diese Unterschiede im Regierungsstatus laut Tsebelis (2002) keine Auswirkungen haben, sind die beiden Varianten der Vetospielertheorie konkurrierend. Die Variante von Ganghof und Bräuninger (2006) erwartet, dass die Wahrscheinlichkeit von Blockaden sowie die Verhandlungsmacht der relevanten Parteien steigt, wenn sich ihr Status von „Regierung" zu „neutral" oder von „neutral" zu „oppositionell" verändert. Indem sich die Autoren auf die beobachtbaren Implikationen ihres veränderten Vetospielermodells konzentrieren, kontrastieren sie implizit auch die beiden Theorien.

Auf der Basis von Fallstudien der Koalitionsbildung und Kompromissfindung in vier Ländern (Australien, Dänemark, Deutschland und Finnland) finden sie ihre Erwartungen bestätigt. Angesichts des stark explorativen Charakters ihrer qualitativen Analyse fallen die Schlussfolgerungen allerdings angemessen zurückhaltend aus: „The case comparisons certainly do not provide decisive tests of the government status hypothesis. Yet they do support our argument“ (Ganghof und Bräuninger 2006, 535).

Anhand dieser Beispielstudie lässt sich auch die Notwendigkeit verdeutlichen, die Ergebnisse eines Theorievergleichs immer vorsichtig und mit Blick auf die Unterschiede zwischen den betrachteten Theorien zu interpretieren (vgl. Kap. 2). Erstens muss die Sparsamkeit der Theorien berücksichtigt werden. Das formale Modell von Ganghof und Bräuninger (2006) kann als Erweiterung der Vetospielertheorie verstanden werden: Es fügt zusätzliche Parameter in die Nutzenfunktion der Akteure ein. Die entscheidende Frage ist deshalb nicht nur, ob dies zu einer besseren Erklärungsleistung führt, sondern ob die verbesserte Leistung die zusätzliche Komplexität rechtfertigt. Diese Frage bleibt in der Studie von Ganghof und Bräuninger (2006) offen und kann immer nur mit Blick auf eine konkrete Fragestellung entschieden werden. In meinen eigenen Studien zur Steuerpolitik bin ich zur Einschätzung gekommen, dass die zusätzliche Komplexität nicht gerechtfertigt werden kann (Ganghof 2006). Neuere quantitative Vergleichsstudien legen jedoch nahe, dass dies in Bezug auf wichtige Fragestellungen der vergleichenden Politikwissenschaft durchaus der Fall ist (Klüver und Zubek 2017; Angelova et al. 2018).

Zweitens muss berücksichtigt werden, wie reichhaltig und wie gut ausgearbeitet die verglichenen Theorien sind. Eine Besonderheit der Vetospielertheorie von Tsebelis ist, dass sie auf einer relativ einfachen und konsistenten theoretischen Grundlage sehr viele und unterschiedliche theoretische Implikationen ableitet. Ihre unterschiedlichen Konkurrentinnen sind hingegen weniger umfassend ausgearbeitet oder es handelt sich lediglich um Varianten derselben Theorie (Ganghof 2017). Auch wenn die umfassende Theorie deshalb einzelne Tests gegen unterschiedliche Alternativtheorien verliert, bedeutet dies nicht, dass irgendeine dieser Alternativen *insgesamt* eine bessere Erklärungskraft besitzt.

Schließlich müssen wir immer auch fragen, ob die betrachteten Theorien wirklich als konkurrierend verstanden werden müssen oder können. Gehen wir nochmal zurück zu Beispiel 1. Boockmann (2006, 174) stellt am Ende seiner Studie die Überlegung an, dass die *Geltungsbereiche* der beiden vermeintlich konkurrierenden Theorien unterschiedlich sein könnten. Die Annahmen der Vetospielertheorie könnten angemessener sein, wenn es um *bedeutsame Konflikte* geht; dann übt jede

Regierungspartei ihre Vetomacht aus. Kleinere Konflikte werden hingegen der Entscheidung durch die jeweilige Ministerin überlassen. Solche Überlegungen verweisen auf die Möglichkeit *kombinierter* Theorien, in diesem Fall einer Theorie, die zwischen bedeutsamen und weniger bedeutsamen Koalitionskonflikten unterscheidet. Tatsächlich ist es sehr häufig der Fall, dass scheinbar konkurrierende Theorien auch als komplementär verstanden – oder komplementär gemacht – werden können. Dies zeigt auch die letzte kontrastive Beispielstudie.

Beispiel 7: Themenbezogenes Wählerverhalten (Tomz und Van Houweling 2008)

Die experimentelle Studie von Michael Tomz und Robert P. Van Houweling (2008) vergleicht drei vermeintlich konkurrierende Theorien des themenspezifischen Wählerverhaltens, unter anderem die bekannten Theorie der Nähewahl (Downs 1957) und der Richtungswahl (Rabinowitz und Macdonald 1989). Diese und andere Theorien sind schon häufig mit Beobachtungsdaten getestet worden. Durch experimentell erzeugte Daten können die Autoren indes gezielter „kritische Tests" durchführen, die potentiell eindeutiger zwischen den Theorien unterscheiden können.

Abschließend reflektieren die Autoren jedoch kritisch über ihre Ausgangsannahme konkurrierender Theorien: „Our statistical model assumes that each voter follows one of the three canonical issue voting rules" (Tomz und Van Houweling 2008, 314). Diese Annahme sei aber fragwürdig. Zum einen könne es sein, dass alle Wähler einer gemischten Entscheidungsregel folgen, zum anderen, dass unterschiedliche Wählergruppen unterschiedlichen Entscheidungsregeln folgen. Die Autoren neigen letzterer Sicht zu, was allerdings die Angemessenheit des kontrastiven Forschungsdesigns in Frage stellt und uns zur Diskussion des y-zentrierten Designs führt.

5 Das y-zentrierte Forschungsdesign

Y-zentrierte Forschungsdesigns werden manchmal als Versuch charakterisiert, Phänomene möglichst vollständig zu erklären. Tatsächlich ist es aber schwer Forscher zu finden, die tatsächlich an die Möglichkeit vollständiger Erklärungen glauben. Natürlich charakterisieren viele Studien die bestehenden Erklärungen als „unvollständig", um dann ihre eigene Idee hinzuzufügen. Aber damit ist in der Regel gemeint, dass eine bestehende Erklärung durch weitere Elemente verbessert werden kann. Y-zentrierte Designs sind Versuche, mehrere komplementäre Theorien über kausale Effekte so zu kombinieren, dass bestimmte historische Ereignisse oder statistische Verteilungen möglichst gut erklärt werden. „Gut" bedeutet dabei aber gerade nicht vollständig, weil wir immer das Sparsamkeitsprinzip berücksichtigen müssen (Kap. 2).

Wenn wir y-zentrierte Designs durch die Kombination komplementärer Theorien definieren, wird ihre Rechtfertigung klarer. Diese ist nämlich mit der bereits angedeuteten Kritik kontrastiver Designs verbunden. Die Kritik lautet, dass Theorien häufig als konkurrierend stilisiert werden, obwohl sie auch als komplementär verstanden und sinnvoll kombiniert werden können. Interessanterweise wird diese Kritik am klarsten von prominenten Protagonisten vergleichender Theorietests formuliert:

> Choosing between explanations takes up an enormous amount of researcher's time and pages in journals. It is not always necessary, and both time and pages could be put to more productive use. There are no precise rules for determining whether to engage in explanation comparison, but we have to ask ourselves, "What exactly is to be gained from comparatively testing these explanations? Instead of taking for granted that one explanation must always be the "winner", we should learn all that we can from the explanations we have (Clarke und Primo 2012, 166).

S. Ganghof, *Forschungsdesign in der Politikwissenschaft,* essentials,
https://doi.org/10.1007/978-3-658-24260-2_5

Der letzte Satz formuliert die Essenz der y-zentrierten Designphilosophie. Er macht deutlich, dass ein idealtypisch y-zentriertes Design kein kontrastives Element im engeren Sinne enthält. Y-zentrierte Studien sind nicht wie Wettkämpfe, bei denen es nur einen Sieger geben kann, sondern wie Choreografien, in denen jeder eine Rolle zu spielen hat.

Die Metapher der Choreographie macht allerdings auch den Nachteil y-zentrierter Studien deutlich. Die flexible Kombination von Theorien zur befriedigenden Erklärung eines Phänomens stellt nur einen schwachen Test dieser Theorien dar. Strikt y-zentrierte Studien haben häufig eher einer „explorativen", also hypothesen-generierenden, Charakter (Sieberer 2007, 277) oder sie können als *Anwendungen* politikwissenschaftlichen Wissens verstanden werden. Wenn eine Sachverständige einen Verkehrsunfall rekonstruiert, muss sie dabei auch verschiedene physikalische Modelle und Gesetzmäßigkeiten kombinieren – sie testet diese dabei aber nicht. Y-zentrierte Studien können Anwendungen in demselben Sinne sein, wobei der Test der verwendeten Theorien andernorts erfolgen muss.

Genau hier liegt freilich auch ein Grund, warum der Unterschied zwischen kontrastiven und y-zentrierten Designs häufig verwischt wird, gerade in qualitativen Studien. Denn durch die Einbeziehung kontrastiver Elemente kann eine y-zentrierte Erklärung in einem strikteren Sinne getestet werden. Es findet dann aber aus meiner Sicht bereits eine Kombination idealtypischer Forschungsdesigns statt (siehe Kap. 6).

Goertz und Mahoney (2006) behaupten, dass die qualitative „Forschungskultur" grundsätzlich eher y-zentriert ist, die quantitative dagegen eher x-zentriert. Während diese These zumindest diskussionswürdig ist (siehe auch Kuehn und Rohlfing 2016), so lassen sich doch die Grundprinzipien y-zentrierter Forschung anhand qualitativer Studien besonders gut darstellen.

Beispiel 8: Sozialdemokratische Krisenpolitik in Europa (Scharpf 1987)

Fritz W. Scharpf (1987; 2000b: Kap. 1–2) möchte die Unterschiede in der makroökonomischen Performanz (Beschäftigung und Inflation) von vier westeuropäischen Demokratien nach der ersten Ölpreiskrise von 1973–74 erklären: Deutschland, Großbritannien, Österreich und Schweden. Diese Länder sind so ausgewählt, dass bestimmte Hintergrundbedingungen konstant gehalten werden. Scharpfs Ausgangsrätsel ist – wie bei oben diskutierten Studie von Geddes – die besondere makroökonomische Performanz eines Landes, nämlich das ungünstige Abschneiden Deutschlands beim „Hauptziel der Vollbeschäftigung" (Scharpf 1987, 12). Er bricht dieses Rätsel aber nicht in kleinere Teilfragen herunter, um dann nur eine von ihnen zu seiner Forschungsfrage zu machen. Scharpf geht auch nicht von der Analyse des deutschen Falls ab, sondern sucht nach den passendsten Vergleichsländern *für diesen Fall.*

Scharpfs bedient sich spieltheoretischer Modelle und fokussiert auf die strategischen Interaktionen zwischen Regierungen, Gewerkschaften und Wählern. Daraus resultiert letztlich für jeden der vier Fälle eine spezifische Erklärung (Scharpf 2000b, 22–23):

1. Österreichs Verteidigung von Vollbeschäftigung und Preisstabilität resultiere aus einer erfolgreichen Koordination makroökonomischer Politiken.
2. In Schweden habe eine „monetaristisch" ausgerichtete Regierung zu mangelnder Lohnzurückhaltung der Gewerkschaften geführt und somit letztlich zu einer Kombination von Vollbeschäftigung und hoher Inflation.
3. In Deutschland sei die makroökonomische Koordination dagegen durch die Unabhängigkeit der Zentralbank blockiert gewesen, woraus höhere Arbeitslosigkeit und niedrige Inflation resultierten.
4. In Großbritannien schließlich habe die Kombination von fragmentierten und dezentralisierten Gewerkschaften und einer zunehmend monetaristischen Reaktion der Regierungen letztlich zu hoher Arbeitslosigkeit und hoher Inflation geführt.

Scharpf ist also nicht bereit, seine Fragestellung so „unbarmherzig" zu verkleinern wie Geddes (Beispiel 2). Da die letztlich entwickelte Erklärung alle vier Länder abdecken muss, ist sie so komplex, dass eine Trennung von Erklärung und Test kaum möglich ist. Um das gesamte Erklärungsmodell zu testen, bräuchte er eine viel größere Zahl von Fällen und eine statistische Analyse (vgl. Iversen 1999). Um einzelne Komponenten seiner Erklärung in Fallstudien zu testen, müsste er dagegen jeweils andere Länder auswählen (siehe Beispiel 12).

Scharpf strebt aber keineswegs nach einer vollständigen Erklärung. Im Sinne des Sparsamkeitsprinzips sollen die Länderunterschiede „auf einen möglichst begrenzten Bestand von möglichst einfachen Erklärungsfaktoren" zurückgeführt werden (Scharpf 1987, 201). Gleichzeitig soll die kombinierte Theorie „komplex genug" sein, um die tatsächlichen historischen Erfahrungen der vier Länder erklären zu können (Scharpf 1988, 386).

Während die Fallauswahl bei Geddes (Beispiel 2) der Kontrolle anderer Erklärungsfaktoren dient, wird bei Scharpf durch die Länderauswahl eher festgelegt, was überhaupt erklärt werden muss. Eine etwas andere Fallauswahl hätte zu anderen Länderunterschieden und somit zu einer anderen Erklärung geführt.

Scharpfs Studie basiert auf vergleichenden Fallstudien von vier Ländern, aber das y-zentrierte Design wird natürlich auch in Einzelfallstudien angewendet. Das folgende Beispiel zeigt überdies, wie die Rede von „unvollständigen" Erklärungen zu Verwirrung über das Design und die Aussagen einer Studie beitragen kann.

Beispiel 9: US-amerikanische Handelspolitik (Schnietz 2000)

Karen E. Schnietz (2000) geht es um unterschiedliche theoretische Erklärungen eines wichtigen Gesetzes der US-amerikanischen Handelspolitik: des *Reciprocal Trade Agreements Act* (RTAA) von 1934. Eine dieser Theorien erklärt das Gesetz als Resultat eines politischen Lernprozesses. Dür (2007, 298) sieht diese Theorie in Konkurrenz zu anderen Theorien und schreibt auch der Autorin eine entsprechende Sicht zu: Schnietz habe die Lernprozess-Theorien überzeugend widerlegt und eine „alternative Erklärung" vorgeschlagen, der zufolge die demokratische Partei den RTAA verwendete, um niedrigere Zölle langfristig festzuschreiben (Dür 2007, 298–299). Es scheint sich um ein kontrastives Design zu handeln.

Eine andere Interpretation ist, dass Schnietz einen Beitrag zu einer kombinierten, y-zentrierten Erklärung leisten möchte. Die Kritik der bestehenden Theorien dient vor allem der Rechtfertigung einer weiteren Erklärungskomponente: „While it is true that Democrats hoped to stimulate the economy with the RTAA, as the lesson hypothesis asserts, and that Roosevelt provided strong policy leadership, as the crisis explanation posits, these explanations for the RTAA are incomplete. … This article argues that the RTAA was an attempt to finally provide durability to Democrat's preferred low-tariff policy after seven decades of Republican tariff policy dominance" (Schnietz 2000, 438). Schnietz sieht die drei von ihr erwähnten Theorien also als komplementär an. Aspekte des Lernens, der Krisendynamik und der Parteipolitik können sinnvoll kombiniert werden. Wie das Zitat deutlich macht, zeigt Schnietz die Erklärungslücken anderer Theorien nicht auf, um diese zu widerlegen, sondern um zu zeigen, dass sie ergänzt werden sollten.

Schnietz' Feststellung, dass die bisherigen Erklärungen „unvollständig" waren, sollte nicht so verstanden werden, dass sie einem Ideal vollständiger Erklärungen folgt. Es geht darum, das Verständnis des RTAA *besser* zu machen. Dennoch scheint das Sparsamkeitsprinzip im quantitativen Forschungsansatz besser verankert zu sein. Aber auch in qualitativen Studien ist weniger manchmal mehr.

Wenn wir kontrastive und y-zentrierte Studien klar auseinanderhalten, wird deutlich, dass letztere häufig aus einer Kritik ersterer entstehen können – nämlich dann, wenn Theorien nur scheinbar „konkurrierend" sind. Ich konzentriere mich deshalb auf statistische Beispielstudien, die mit kontrastivem Denken beginnen, um dann eine y-zentrierte Wendung zu nehmen.

Beispiel 10: Finanzpolitik in entwickelten Industriestaaten (Franzese 2002, 2010)

Robert J. Franzese hat den vielleicht ersten kontrastiven statistischen Test der Vetospielertheorie durchgeführt hat (Franzese 2002). Die wichtigste Konkurrenztheorie war dabei die oben erwähnte Theorie des gewichteten Kompromisses. Der Autor kam auf der Basis statistischer Vergleichstests zu dem Schluss, dass die Vetospielertheorie die Daten besser erklärt als die Kompromisstheorie. In einer späteren statistischen Studie kombiniert er hingegen die vermeintlich konkurrierenden Theorien.

Franzese (2010, 353) argumentiert, dass zur Erklärung von Finanzpolitik eine „theoretische Synthese" verschiedener Theorien möglich sei. Diese Synthese verbindet die Vetospielertheorie und die Theorie des gewichteten Kompromisses mit Theorien des kollektiven Handelns. So wie bei Boockmann (2006) in Beispiel 3 unterschiedliche Theorien für unterschiedliche Entscheidungen gelten mögen, und bei Tomz und van Houweling (2008) in Beispiel 7 für unterschiedliche Wählergruppen, so werden sie bei Franzese (2010) für unterschiedliche *Aspekte der Finanzpolitik* gestützt. Er entwickelt ein komplexes statistisches Modell, um zu zeigen, dass sich die von den drei Theorien jeweils implizierten kausalen Effekte gleichzeitig aber unterschiedlich in den Daten zeigen:

1. Vetospieler verzögern finanzpolitische Anpassungen.
2. Ein größeres Verhandlungsgewicht rechter Parteien reduziert das Ausmaß keynesianischer Politik.
3. Mehr Parteien in der Regierung reduzieren das Vorkommen von zyklischer, Wahlkalender-getriebener Verschuldung.

Franzeses Studie macht darüber hinaus zwei mögliche Probleme y-zentrierter Studien deutlich, die er selbst anspricht. Erstens werden die kombinierten Einzeltheorien nur in einem sehr eingeschränkten Sinne getestet. Aus x-zentrierter Perspektive ist die Frage, ob die einzelnen kausalen Effekte korrekt identifiziert sind. Durch die Einbeziehung zusätzlicher Erklärungsvariablen und die Vernachlässigung anderer Kontrollvariablen, werden also einzelne kausale Effekte möglicherweise verzerrt geschätzt (Elwert 2013; Rohrer 2018). Aus kontrastiver Sicht lautet die Frage, ob nicht auch für die einzelnen Theorien jeweils unterschiedliche *Spezifikationen* der geschätzten kausalen Effekte denkbar sind. So spezifiziert Franzese zum Beispiel die parteipolitische Position von Regierungen auf der Basis der Theorie des gewichteten Kompromisses. Die Präferenzen der Regierungsparteien werden also entsprechend gewichtet. Diese Theorie wird somit als korrekt *angenommen* und innerhalb der Studie selbst nicht gegen die vorhandenen Alternativen getestet (Franzese 2010, 362). Y-zentrierte Studien stehen immer unter dem Verdacht, dass die Schätzung der einzelnen kausalen Effekte und damit auch die kombinierte Gesamterklärung nicht „robust" sind (Goldthorpe 2001, 5; vgl. Neumayer und Plümper 2017). Anders formuliert besteht die Gefahr darin, dass die gezielte Verbindung mehrerer Theorien nicht deren jeweiligen Erklärungs*stärken* kombiniert, sondern eher ihre jeweiligen Erklärungs*schwächen* überdeckt.

Das zweite Problem schließt an das erste an. Man könnte nämlich argumentieren, dass in einem y-zentrierten Design gar nicht die Einzeltheorien getestet werden, sondern eine Art kombinierte „Supertheorie". In y-zentrierten Studien ist diese Supertheorie allerdings (per Definition) nicht also solche ausformuliert. Die Gefahr ist deshalb, dass die Formulierung einer kohärenten Supertheorie gar nicht möglich ist. Dies ist insbesondere dann der Fall, wenn die Einzeltheorien tatsächlich konkurrierend sind. So ist Franzeses statistisches Modell auf der Basis von Theorien spezifiziert, die teils inkompatible Annahmen machen. Es kombiniert die kooperative mit der nicht-kooperativen Spieltheorie (Franzese 2010, 351–352). Seinem statistischen „Supermodell" fehlt also womöglich eine kohärente theoretische Fundierung.

Auch hier müssen wir uns indes wieder an die Rolle von stilisierenden und vereinfachenden Modellen erinnern (Kap. 2). Die vermeintliche theoretische Inkohärenz des statistischen Modells mag zumindest zeitweise akzeptabel sein, weil die jeweiligen Theorien auf einfachen Modellen basieren und somit potenziell komplementäre „blinde Flecken" haben. Die Erklärungskraft des kombinierten statistischen Kausalmodells kann deshalb empirische Impulse für die weitere Theorieentwicklung liefern. Die Kombination scheinbar inkompatibler Theorien kann mit der Vermutung (oder Hoffnung) verbunden werden, dass eine konsistente Supertheorie möglich ist. Für diese etwas prekäre, aber potenziell konstruktive Rolle „inkohärenter" statistischer Modelle möchte ich ein weiteres Beispiel geben.

Beispiel 11: Vetospieler in der Wirtschafts- und Sozialpolitik (Angelova et al. 2018)

Mariyana Angelova und ihre Kollegen wollen primär die Vetospielertheorie von Tsebelis testen, und zwar auf der Basis von ca. 5600 wichtigen Reformen in der Wirtschafts-, Finanz- und Sozialpolitik von 13 westeuropäischen Demokratien. Sie weichen aber von früheren Studien zur Vetospielertheorie in zweierlei Weise ab. Erstens folgen die Autoren verschiedenen Kritikern der Vetospielertheorie darin, den Geltungsbereich der Theorie auf den Regierungstyp der minimalen Gewinn-Koalitionen zu beschränken. Zweitens beziehen sie auch die bereits angesprochene Konkurrenztheorie des gewichteten Kompromisses ein. Dabei wählen die Autoren einen auf den ersten Blick widersprüchlichen Mix aus kontrastivem und y-zentriertem Design. Einerseits soll die Erklärungskraft der Vetospielertheorie mit der Theorie des gewichteten Kompromisses *verglichen* werden, andererseits spezifizieren die Autoren letztlich ein *kombiniertes* statistisches Modell auf der Basis beider Theorien.

Die Autoren begründen jedoch plausibel, warum sie zwei scheinbar konkurrierende Theorien in einem statistischen Erklärungsmodell kombinieren. Sie stellen fest, dass beiden Theorien zwar einerseits teils inkompatible Annahmen über die Welt treffen, andererseits aber auch *komplementäre blinde Flecken* haben. Die Vetospielertheorie kann den durch die Vorgängerregierung erzeugten Status Quo schwerer abschätzen, da sie keine theoretische Annahme darüber trifft, wer innerhalb der Regierung der Agenda-Setzer ist. Die Theorie des gewichteten Kompromisses hat im Vergleich mit der Vetospielertheorie einen anderen Mangel: Sie „does not provide a theoretical expectation that is as fleshed out and coherent regarding the effect of ideological distance between government parties on policy change“ (Angelova et al. 2018, 303; Fn. 1). Die Autoren begründen also die Akzeptanz eines theoretisch inkohärenten statistischen Modells mit dem aktuellen Stand der Theoriebilddung und liefern damit idealerweise einen empirischen Impuls für die zukünftige theoretische Integration der beiden Theorien.

6 Kombinierte Forschungsdesigns

Dieses Kapitel diskutiert verschiedene Möglichkeiten, die drei grundlegenden Forschungsdesigns innerhalb einzelner Studien zu verbinden. Da y-zentrierte Studien – insbesondere qualitative Fallstudien – nur schwache Tests der kombinierten Erklärung darstellen, ist vor allem bei ihnen die Ergänzung durch x-zentrierte und/oder kontrastive Elemente zu erwägen. Ich diskutiere beide Ergänzungen nacheinander. Danach gehe ich kurz auf die Kombinationen von x-zentrierten und kontrastiven Tests in quantitativen Designs ein.

Eine erste naheliegende Kombination besteht darin, eine y-zentrierte Einzelfallstudie in fokussierte x-zentrierte Fallvergleiche einzubetten (vgl. Ganghof 2005a). Ein Beispiel dafür schließt an die oben diskutierte Studie von Scharpf (Beispiel 8) an.

Beispiel 12: Gewerkschaftsverhalten bei Monetarismus (Scharpf 2000a)

Wie oben erläutert, kann Scharpf (1987) in seinem Buch *Sozialdemokratische Krisenpolitik in Europa* einzelne Komponenten seiner y-zentrierten Erklärung kaum testen, weil dafür andere Vergleichsländer relevant gewesen wären. Scharpf (2000a, 44–51) hat aber später einen solchen stärker x-zentrierten Vergleich durchgeführt. Der Fokus lag dabei auf der Hypothese, dass für Gewerkschaften in der strategischen Interaktion mit einer „monetaristischen" Regierung bzw. Zentralbank, Lohnzurückhaltung die rationale Strategie ist. Die dabei relevanten Vergleichsländer sind die Schweiz, Dänemark, Belgien und die Niederlande.

Scharpf findet eine ähnliche Lohnzurückhaltung wie in Deutschland indes nur in der Schweiz. Er sieht seine Hypothese dadurch nicht als falsifiziert an, sondern findet Gründe dafür, warum seine rationalistische Erklärung in den anderen Fällen nicht funktioniert. So hätten zum Beispiel die Gewerkschaften

S. Ganghof, *Forschungsdesign in der Politikwissenschaft,* essentials,
https://doi.org/10.1007/978-3-658-24260-2_6

in Dänemark und Belgien die Struktur des Spiels nicht verstanden, da der Monetarismus in diesen Ländern „importiert" war. Diese Schlussfolgerung des x-zentrierten Vergleichs kann einerseits als tiefergehende Klärung der Kontextbedingungen für Scharpfs (1987) ursprüngliche Erklärung des deutschen Falls verstanden werden. Andererseits mag sie auch Zweifel daran wecken, dass es überhaupt eine „objektive" Struktur des strategischen Spiels gab. In jedem Fall führt der x-zentrierte Vergleich zu weitergehenden Einsichten.

Scharpf hat die Verbindung von x- und y-zentrierter Analyse dadurch erreicht, dass zwei getrennte Studien systematisch aufeinander bezogen wurden. Aber natürlich können wir Studien auch von Anfang an entsprechend anlegen.

Beispiel 13: Einkommensteuerreform in Deutschland (Ganghof 2004, 2006)

Ein Ausgangspunkt meiner eigenen Studien zur Steuerpolitik (Ganghof 2004, 2006) war ein empirisches Rätsel. Warum hat eine Mitte-Links-Regierung unter Kanzler Gerhard Schröder (1998–2005), die angetreten war um soziale Gerechtigkeit zu stärken, letztlich die Steuersätze am oberen Ende der Einkommensskala stark abgesenkt? Warum ist der Spitzensteuersatz stark gefallen? Mit diesem Rätsel war die allgemeinere Frage nach der Rolle von Parteien und Vetospielern in der Steuerpolitik verbunden, zumal einige statistische Studien behaupteten, dass linke Parteien die Steuersätze unter den Bedingungen der Globalisierung generell *stärker* gesenkt haben als rechte Parteien (Hallerberg und Basinger 1998).

Die Strategie war es einerseits eine detaillierte Fallstudie des deutschen Falles zu erstellen (Ganghof 2004; 2006, Kap. 7). Diese hatte zwar einen klaren theoretischen Fokus auf Parteipolitik und Vetospieler, bezog aber verschiedene wichtige Einflussfaktoren ein, z. B. auch die Rolle technischer Expertise an entscheidenden Stellen des Reformprozesses. Insofern entwickelte sie eine kombinierte Erklärung der drastischen deutschen Steuersenkung. Eingebettet war diese Fallstudie indes in einen Fallvergleich mit sechs weiteren Ländern (Australien, Dänemark, Finnland, Neuseeland, Norwegen und Schweden) sowie in einen x-zentrierten statistischen Vergleich von 21 OECD-Staaten (vgl. Ganghof 2005a). Die sechs zusätzlichen Fallstudien waren knapper und stärker x-zentriert als die deutsche Studie, aber sie halfen (zusammen mit statistischen Analysen) die Schlussfolgerungen zum deutschen Fall abzusichern – etwa zur großen Bedeutung des Bundesverfassungsgerichts als „antizipiertem" Vetospieler.

Eine zweite Möglichkeit zur Kombination von Designs besteht in der Verbindung von y-zentriertem und kontrastivem Ansatz. Quantitative Studien dieser Art wurden bereits im vorigen Kapitel diskutiert (Franzese 2002, 2010; Angelova et al. 2018). Hier liegt der Fokus daher auf qualitativen Fallstudien. In diesen muss ein Großteil der empirischen Plausibilisierung von theoretischen Erklärungen durch die historische Analyse innerhalb der einzelnen Fälle geleistet werden und in dieser historischen Analyse spielen kontrastive Argumente notwendigerweise eine zentrale Rolle.

Wir können hier wiederum auf die oben diskutierten Studie von Scharpf (Beispiel 8) zurückkommen. Diese erklärt zum Beispiel die vergleichsweise geringe Lohnzurückhaltung der Gewerkschaften in Schweden nach 1976 mit deren mangelndem Interesse zur Zurückhaltung unter einer bürgerlichen Regierung. Scharpfs *Fallvergleich* leistet jedoch wenig, um diese Hypothese zu bestätigen: In Österreich gab es Lohnzurückhaltung, in Großbritannien mangelte es den Gewerkschaften grundsätzlich an „Strategiefähigkeit", in Deutschland hatten es die Gewerkschaften mit einer unabhängigen Zentralbank zu tun. Scharpf akzeptiert deshalb seine Teilerklärung nicht aufgrund des internationalen Vergleichs, sondern weil sie das schwedische Gewerkschaftsverhalten *im Zeitverlauf besser erklärt als die plausibelste Alternativhypothese,* der zufolge es den schwedischen Gewerkschaften an institutioneller Strategiefähigkeit gemangelt hat (Scharpf 1988, 32). Diese Art kontrastiven Denkens spielt in jeder guten historischen Erklärung eine wichtige Rolle (vgl. auch Alexandrova 2009; Lorentzen et al. 2015).

Kommen wir schließlich zur Kombination x-zentrierter und kontrastiver Designs. Diese kann sinnvoll sein, wenn eine Studie zweierlei zeigen möchte: 1) dass eine bestimmte Theorie bestimmte Beobachtungen erklären kann und dass sie dies 2) auch besser kann als eine konkurrierende Theorie. Diese doppelte Zielsetzung besteht häufig dann, wenn die kritisierte Theorie schon etabliert ist, während die vermeintlich bessere Theorie neu vorgeschlagen wird. Dies ist zum Beispiel der Fall, wenn die neue Theorie eine Weiterentwicklung der bestehenden Theorie ist. Elemente dieser Kombination der beiden Designs haben wir bereits im qualitativen Beispiel 6 kennen gelernt. Im folgenden quantitativen Beispiel wird diese Kombination noch deutlicher.

Beispiel 14: Arbeitsmarkpolitik in Industrieländern (Becher 2010)

Michael Becher (2010) analysiert die Arbeitsmarktpolitik von 20 Industrieländern zwischen 1973 und 2000. Die Studie ähnelt der oben diskutierten Studie von Angelova et al. (2018), da auch in ihr zwei auf den ersten Blick konkurrierende Theorien kombiniert werden sollen. Bei Angelova et al. geht es um die Vetospielertheorie und die Theorie des gewichteten Kompromisses, bei Becher um die Vetospielertheorie und die Theorie der Ministerialregierung. Ein wichtiger Unterschied zwischen den beiden Studien besteht aber darin, dass Becher auch eine *theoretische* Integration der beiden vermeintlich konkurrierenden Theorien vornimmt. Er argumentiert, dass die Vetospielertheorie und die Theorie der Ministerialregierung *durch entsprechende Modifikationen komplementär gemacht werden können.*

Die Vetospielertheorie hat keine Antwort auf die Frage, wer genau innerhalb der Regierung der Agenda-Setzer ist (Tsebelis 2002, 3). Becher nimmt basierend auf der Theorie der Ministerialregierung an, dass dies die jeweiligen Fachminister sind. Von der Vetospielertheorie übernimmt er aber die Überlegung, dass der Handlungsspielraum der Minister durch die ideologische Heterogenität der Vetospieler begrenzt wird. Der Autor entwickelt also eine kleine „Supertheorie" zur Kombination zweier vermeintlich konkurrierender Theorien. Seine zentrale Kausalhypothese lautet, dass der ideologische Einfluss der Partei des Arbeitsministers von der ideologischen Distanz zwischen den Vetospielern abhängig ist.

Bechers Studie hat zwei unterschiedliche Designelemente. Das übergeordnete Design der Studie ist x-zentriert, fokussiert auf die Frage: „Do veto players constrain ministerial discretion?" (Becher 2010, 45). Es gibt indes auch zwei untergeordnete kontrastive Elemente. Erstens will Becher nicht nur seine kombinierte Theorie durch die Daten stützen. Er will auch zeigen, dass sie die Daten *besser* erklärt als die ursprüngliche Ministerialregierungs-Theorie ohne Berücksichtigung von Vetospielern (Becher 2010, 47). Zweitens gesteht Becher explizit ein, dass seine theoretischen Annahmen über die Verteilung von Agenda-Macht in der Regierung kontrovers sind. Diese Macht könnte auch beim Regierungschef oder dem Finanzminister statt beim Arbeitsminister liegen. Becher testet seine Theorie deshalb auch im Vergleich zu den konkurrierenden Theorien über Agenda-Macht. Dieser zweite Vergleich führt zu keinem eindeutigen Sieger, wenngleich Becher (2010, 54) zumindest in Bezug auf eine seiner beiden abhängigen Variablen gewisse Vorteile für seine Theorie sieht.

Während Bechers Studie in vielerlei Hinsicht vorbildlich für die Kombination von x-zentrierten und kontrastiven Designelementen ist, wird in ihr auch eine Gefahr deutlich. Diese besteht darin, dass man den Anforderungen der beiden Designs nicht in gleicher Weise gerecht wird. So erläutert Becher seine Methodik des empirischen Modellvergleichs nicht systematisch und diskutiert Unterschiede in der erklärten Varianz zwischen den statistischen Modellen kaum. Stellt man diese ins Zentrum, so erscheint die Leistungsfähigkeit seiner kombinierten Theorie bei der Erklärung der Lohnersatzleistungen durchaus fragwürdig. Sie erscheint schlechter als die der konkurrierenden Theorien über Agenda-Macht und kaum besser als die der reinen Ministerialregierungstheorie (Becher 2010, 48, 52). Man könnte also – für diese Daten und aufgrund des Sparsamkeitsprinzips – eventuell auch den Schluss ziehen, dass die einfachere Ministerialregierungstheorie gegenüber Bechers kombinierter Theorie vorgezogen werden sollte

Schluss: Zur Wahl und Kritik von Forschungsdesigns 7

Keines der drei Designs ist den anderen grundsätzlich überlegen. Welches Design – oder welche Kombination von Designs – wir wählen, hängt von unserer Fragestellung und unserem Verständnis der relevanten Theorien ab.

Wenn die Theorien auf Modellen basieren, hängt das passende Design auch davon ab, wie wir die Modelle in Theorien übersetzen. Übersetzen wir einfache Modelle, die jeweils eine bestimmte kausale Idee stark zuspitzen, direkt in Theorien, so werden diese Theorien häufig konkurrierend sein – zum Beispiel die Vetospielertheorie und die Theorie der Ministerialregierung (Beispiele 1 und 3). Es ist aber häufig auch möglich, die einzelnen Modelle in einer Theorie zu integrieren (Beispiel 14). Und zumindest zeitweise mag es auch gerechtfertigt sein, die Möglichkeit einer kombinierten Theorie anzunehmen, auch wenn diese noch gar nicht systematisch ausgearbeitet wurde (Beispiel 11).

Aus diesen Überlegungen folgt auch, dass wir jedes Design kritisch darauf hin befragen können und sollten, ob seine zentralen Annahmen für die relevanten Theorien einer Studie plausibel sind. Anders formuliert: Wir können die Logik jedes Designs verwenden, um eine Studie mit einem anderen Design kritisch zu hinterfragen.

X-zentrierte Designs (Kap. 3) *müssen darauf hin befragt werden, ob es nicht konkurrierende Theorien gibt, welche die geschätzten Effekte genauso gut oder besser erklären könnten.* Nehmen wir als weiteres Beispiel die Studie von Georg Vanberg (2005). Sie testet Vanbergs eigene Theorie über das strategische Verhalten von Verfassungsrichtern anhand von Daten über Entscheidungen des Bundesverfassungsgerichts. Die Studie ist in vorbildlicher Weise x-zentriert (Manow und Ganghof 2005, 26–28). Hüller (2014) behauptet jedoch, dass Vanbergs Befunde auch anders erklärt werden könnten: „Die empirischen Ergebnisse … passen in Vanbergs Theorie. Sie lassen sich aber mindestens genauso überzeugend anders

S. Ganghof, *Forschungsdesign in der Politikwissenschaft,* essentials,
https://doi.org/10.1007/978-3-658-24260-2_7

erklären und ergeben dann ein ganz anderes Gesamtbild – ohne jeden Bezug zur Vorstellung opportunistischen Handels der höchsten Richter" (Hüller 2014, 24). Um diese Kritik zu erhärten, müsste die konkurrierende Theorie freilich systematisch ausgearbeitet werden. Die Art der Kritik ist aber passend. Sie zeigt auch, wie eine x-zentrierte Studie nachfolgende kontrastive Studien anregen kann (vgl. auch Beispiele 1 und 3).

Kontrastive Designs (Kap. 4) müssen darauf hin befragt werden, ob die verglichenen Theorien wirklich konkurrierend sind. Wir haben bei fast allen hier diskutierten Beispielstudien gesehen, dass die als konkurrierend angenommenen Theorien evtl. auch als komplementär angesehen oder durch Veränderungen komplementär gemacht werden können (Franzese 2002; Boockmann 2006; Tomz und Van Houweling 2008; Franzese 2010; Angelova et al. 2018). Manchmal ist die Annahme von konkurrierenden Theorien auch von Anfang an wenig plausibel oder sie wird gar nicht begründet. Ein Beispiel ist die Studie von Volden und Carrubba (2004, 533), in der es um die Erklärung von „übergroßen" Regierungskoalitionen in 24 Demokratien zwischen 1955 und 1998 geht. Obwohl die Studie eindeutig kontrastiv angelegt ist, diskutieren die Autoren nicht, inwiefern die verglichenen Theorien überhaupt konkurrierend sind. Viele andere Studien zur Regierungsbildung sehen die unterschiedlichen theoretischen Ideen – auch mit Blick auf die Bildung übergroßer Koalitionen – eher als komplementär an. In diesem Fall können x-zentrierte oder y-zentrierte Designs angemessener sein (z. B. Martin und Stevenson 2001; Eppner und Ganghof 2017).

Y-zentrierte Designs (Kap. 5) schließlich müssen immer darauf hin befragt werden, ob sie keine falschen Schlüsse über die vermeintliche Bestätigung der kombinierten Theorien ziehen. Ich habe betont, dass y-zentrierte Designs in erster Linie Anwendungen von Theorien sind und nur schwache Tests darstellen. Aus x-zentrierter Perspektive besteht das Problem darin, dass die einzelnen kausalen Effekte eventuell nicht korrekt identifiziert sind. Aus kontrastiver Sicht lautet die Frage, ob es für die einzelnen Theorien der kombinierten Erklärung nicht auch Alternativen gäbe, die zu einer etwas anderen Spezifikation der erklärenden Variablen geführt hätte. Beide Nachfragen beziehen sich letztlich auf die Gefahr, dass die flexible Verbindung mehrerer Theorien nicht deren jeweiligen Erklärungsstärken kombiniert, sondern eher ihre jeweiligen Erklärungsschwächen überdeckt.

Auch die Kombination von Designs (Kap. 6) ist kein Allheilmittel. Auch sie kann dafür genutzt werden, Schwächen zu überdecken statt Stärken zu kombinieren. Entscheidend ist letztlich, dass das von uns gewählte Design zu unserer Fragestellung passt und die getroffenen Annahmen transparent gemacht sowie konsistent angewendet werden. Das Ziel dieses Buchs war es, dazu einen Beitrag zu leisten.

Was Sie aus diesem *essential* mitnehmen können

- Wir können drei grundlegende Typen von Forschungsdesigns unterscheiden: x-zentriert, y-zentriert und kontrastiv.
- Keines der drei grundlegenden Forschungsdesigns ist den anderen grundsätzlich überlegen. Welches Design oder welche Kombination von Designs gewählt werden sollte, hängt von der Fragestellung ab sowie davon, ob die relevanten Theorien als konkurrierend oder komplementär verstanden werden.
- Ob die relevanten Theorien als konkurrierend oder komplementär zu verstehen sind, ist häufig eine pragmatische Entscheidung. Sie sollte bewusst und transparent getroffen werden. Wenn die Theorien auf (formalen) Modellen basieren, hängt das angemessene Design entscheidend davon ab, wie wir die Modelle in Theorien übersetzen.
- Forschungsdesigns sollten kritisch darauf hin befragt werden, ob die getroffenen Annahmen über die relevanten Theorien plausibel sind. Diese Designkritik kann Ausgangspunkt für neue Studien sein.
- Eine Kombination der drei grundlegenden Forschungsdesigns ist möglich und häufig sinnvoll. Sie sollte dazu genutzt werden, die jeweiligen Stärken der Designs zu kombinieren.

S. Ganghof, *Forschungsdesign in der Politikwissenschaft*, essentials,
https://doi.org/10.1007/978-3-658-24260-2

Literatur

Achen, C. H. (2002). Toward a New Political Methodology: Microfoundations and ART. *Annual Review of Political Science* 5, 423–450.

Alexandrova, A. (2009). When analytic narratives explain *Journal of the Philosophy of History* 3:1, 1–24.

Angelova, M., H. Bäck, W. C. Müller & D. Strobl (2018). Veto player theory and reform making in Western Europe. *European journal of political research* 57:2, 282–307.

Arrow, K. J. (1951). Social Choice and Individual Values. New Haven: Yale University Press.

Baumgartner, M. (2009). Inferring Causal Complexity *Sociological Methods & Research* 38:1, 71–101. 10.1177/0049124109339369.

Becher, M. (2010). Constraining Ministerial Power: The Impact of Veto Players on Labor Market Reforms in Industrial Democracies, 1973–2000. *Comparative Political Studies* 43:1, 33–60.

Blatter, J. & M. Haverland (2012). Designing case studies: Explanatory approaches in small-N research. Basingstoke: Palgrave Macmillan.

Boockmann, B. (2006). Partisan politics and treaty ratification: The acceptance of International Labour Organisation conventions by industrialised democracies, 1960–1996. *European Journal of Political Research* 45:1, 153–180.

Clarke, K. A. (2001). Testing Nonnested Models of International Relations: Reevaluating Realism. *American Journal of Political Science* 45:3, 724–744.

Clarke, K. A. (2005). The Phantom Menace: Omitted Variable Bias in Econometric Research *Conflict Management and Peace Science* 22:4, 341–352.

Clarke, K. A. (2007). A Simple Distribution-Free Test for Nonnested Model Selection *Political Analysis* 15:3, 347–363.

Clarke, K. A. & D. M. Primo (2012). A model discipline: Political science and the logic of representations. New York et al.: Oxford University Press.

Coyne, J. A. (2009). Why evolution is true. Oxford: Oxford University Press.

Downs, A. (1957). An Economic Theory of Democracy. New York: Harper.

Dür, A. (2007). Einige Anregungen zur Auswahl zwischen konkurrierenden Erklärungsansätzen in Y-zentrierter Forschung. In T. Gschwend, F. Schimmelfennig (Hrsg.), *Forschungsdesign in der Politikwissenschaft: Probleme - Strategien - Anwendungen*. Mannheimer Jahrbuch für Europäische Sozialforschung (S. 281–304). Frankfurt /New York: Campus.

S. Ganghof, *Forschungsdesign in der Politikwissenschaft*, essentials,
https://doi.org/10.1007/978-3-658-24260-2

Ebbinghaus, B. (2009). Vergleichende Politische Soziologie: Quantitative Analyse- oder qualitatiove Fallstudiendesigns? In V. Kaina, A. Römmele (Hrsg.), *Politische Soziologie* (S. 481–501). Wiesbaden: Springer.

Elwert, F. (2013). Graphical Causal Models. In S. L. Morgan (Hrsg.), *Handbook of Causal Analysis for Social Research* (S. 245–273). Dordrecht: Springer Netherlands.

Eppner, S. & S. Ganghof (2017). Institutional veto players and cabinet formation: The veto control hypothesis reconsidered. *European Journal of Political Research* 56:1, 169–186.

Franzese, R. J. (2002). Macroeconomic Policies of Developed Democracies. Cambridge: Cambridge University Press.

Franzese, R. J. (2010). The Multiple Effects of Multiple Policymakers: Veto Actors Bargaining in Common Pools. *Rivista italiana di scienza politica* 40:3, 341–370.

Ganghof, S. (2003). Promises and Pitfalls of Veto Player Analysis. *Swiss Political Science Review* 9:2, 1–25.

Ganghof, S. (2004). Wer regiert in der Steuerpolitik? Einkommensteuerreform zwischen internationalem Wettbewerb und nationalen Verteilungskonflikten. Frankfurt/Main: Campus.

Ganghof, S. (2005a). Kausale Perspektiven in der vergleichenden Politikwissenschaft: X-zentrierte und Y-zentrierte Forschungsdesigns. In S. Kropp, M. Minkenberg (Hrsg.), *Vergleichen in der Politikwissenschaft* (S. 76–93). Wiesbaden: Springer.

Ganghof, S. (2005b). Konditionale Konvergenz: Ideen, Institutionen und Standortwettbewerb in der Steuerpolitik von EU- und OECD-Ländern. *Zeitschrift für internationale Beziehungen* 11:1, 7–40.

Ganghof, S. (2006). The Politics of Income Taxation. A Comparative Analysis. Colchester: ECPR.

Ganghof, S. (2016). Forschungsdesign in der Politikwissenschaft: Kausale Perspektiven versus vergleichende Theorietests. *Austrian Journal of Political Science* 45:1, 1–12.

Ganghof, S. (2017). The empirical uses of theoretical models: the case of veto player theory. *Political Studies Review* 15:1, 49–59.

Ganghof, S. & T. Bräuninger (2006). Government status and legislative behaviour: Partisan veto players in Australia, Denmark, Finland and Germany. *Party Politics* 12:4, 521–539.

Ganghof, S. & K. Schulze (2015). Vetospieler und Institutionen. In G. Wenzelburger, R. Zohlnhöfer (Hrsg.), *Handbuch Policy-Forschung* (S. 113–148). Wiesbaden: Springer.

Geddes, B. (1994). Politician's Dilemma. Building State Capacity in Latin America. Berkeley: University of California Press.

Goertz, G. (2017). Multimethod research, causal mechanisms, and case studies: An integrated approach. Princeton: Princeton University Press.

Goertz, G. & J. Mahoney (2012). A Tale of Two Cultures: Qualitative and Quantitative Research in the Social Sciences. Princeton: Princeton University Press.

Goldthorpe, J. H. (2001). Causation, Statistics, and Sociology *European Sociological Review*.

Greene, W. H. (2012). Econometric Analysis (Seventh Edition. International Edition). Essex: Pearson.

Grieco, J. M. (1990). Cooperation among nations: Europe, America, and non-tariff barriers to trade. Ithaca and London: Cornell University Press.

Gschwend, T. & F. Schimmelfennig (2007). Forschungsdesign in der Politikwissenschaft: Ein Dialog zwischen Theorie und Daten. In T. Gschwend, F. Schimmelfennig (Hrsg.), *Forschungsdesign in der Politikwissenschaft: Probleme – Strategien – Anwendungen*, vol Mannheimer Jahrbuch für Europäische Sozialforschung (S. 9–38). Frankfurt /New York: Campus.

Hallerberg, M. & S. Basinger (1998). Internationalization and Changes in Tax Policy in OECD Countries: The Importance of Domestic Veto Players. *Comparative Political Studies* 31:3, 321–352.

Hausman, D. M. (1992). Models and theories in economics. In, *The inexact and separate science of economics* (S. 70–82). Cambridge Cambridge University Press.

Holland, P. W. (1986). Statistics and Causal Inference. *Journal of the American Statistical Association* 81, 945–960.

Huber, E., C. Ragin & J. D. Stephens (1993). Social Democracy, Christian Democracy, Constitutional Structure and the Welfare State. *American Journal of Sociology* 99:3, 711–749.

Huber, J. D. (2017). Exclusion by Elections: Inequality, Ethnic Identity, and Democracy. Cambridge: Cambridge University Press.

Hüller, T. (2014). Sind Bundesverfassungsrichter ‚rationale Trottel'? *Zeitschrift für Politikwissenschaft* 24:1–2, 5–28.

Imai, K. & D. Tingley (2012). A Statistical Method for Empirical Testing of Competing Theories. *American Journal of Political Science* 56:1, 218–236.

Ingham, S. (2019). Rule by Multiple Majorities: A New Theory of Popular Control. Cambridge Cambridge University Press

Iversen, T. (1999). Contested Economic Institutions. New York: Cambridge University Press.

King, G., R. Keohane & S. Verba (1994). Designing social inquiry : scientific inference in qualitative research. Princeton, N.J.: Princeton University Press.

Kittel, B. & R. B. Morton (2012). Introduction: Experimental Political Science in Perspective. In B. Kittel, L. W. J., R. B. Morton (Hrsg.), *Experimental Political Science: Principles and Practices* (S. 1–14). Houndmills: Palgrave Macmillan.

Klüver, H. & R. Zubek (2017). Minority governments and legislative reliability: Evidence from Denmark and Sweden. *Party Politics*, 1–12. 10.1177/1354068817695742.

Kubbe, I. (2016). Experimente in der Politikwissenschaft: Eine methodische Einführung. Wiesbaden: Springer.

Kuehn, D. & I. Rohlfing (2016). Are there really two cultures? A pilot study on the application of qualitative and quantitative methods in political science. *European Journal of Political Research* 55:4, 885–905.

Laver, M. & K. Shepsle (1996). Making and Breaking Governments. Cambridge: Cambridge University Press.

List, M., M. Behrens, W. Reichardt & G. Simonis (1995). Internationale Politik. Probleme und Grundbegriffe. Opladen: Leske + Budrich.

Lorentzen, P. L., M. T. Fravel& J. Paine (2015) Using process tracing to evaluate formal models.

Mahoney, J. & G. Goertz (2006). A Tale of Two Cultures: Contrasting Quantitative and Qualitative Research. *Political Analysis* 14:3, 227–249.

Manow, P. & S. Ganghof (2005). Mechanismen deutscher Politik *Mechanismen der Politik Strategische Interaktion im deutschen Regierungssystem*, 9–33.

Martin, L. W. & R. T. Stevenson (2001). Government formation in parliamentary democracies. *American Journal of Political Science* 45:1, 33–50.

Martin, L. W. & G. Vanberg (2014). Parties and Policymaking in Multiparty Governments: The Legislative Median, Ministerial Autonomy, and the Coalition Compromise. *American Journal of Political Science* 58:4, 979–996.

Morton, R. B. & K. C. Williams (2010). Experimental Political Science and the Study of Causality: From Nature to the Lab. New York: Cambridge University Press.

Neumayer, E. & T. Plümper (2017). Robustness Tests for Quantitative Research. Cambridge: Cambridge University Press.

Plümper, T. (2012). Effizient Schreiben. Ein Leitfaden zum Verfassen von Qualifizierungsarbeiten und wissenschaftlichen Texten. München: Oldenbourg.

Powner, L. C. (2015). Empirical Research and Writing – A Political Science Student's Practical Guide. Thousand Oaks, CA: CQPRESS.

Rabinowitz, G. & S. E. Macdonald (1989). A Directional Theory of Issue Voting. *American Political Science Review* 83:1, 93–121.

Reiter, R. & A. E. Töller (2014). Politikfeldanalyse im Studium: Fragestellungen, Theorien, Methoden. Baden-Baden: UTB.

Rohlfing, I. (2012). Case Studies and Causal Inference: An Integrative Framework. Basingstoke: Palgrave Macmillan.

Rohlfing, I. (2014). Comparative hypothesis testing via process tracing. *Sociological Methods & Research* 43:4, 606–642.

Rohrer, J. M. (2018). Thinking clearly about correlations and causation: Graphical causal models for observational data *Advances in Methods and Practices in Psychological Science* 1:1, 27–42.

Rosenberg, A. (2012). Philosophy of Science. A Contemporary Introduction. New York; London: Routledge.

Scharpf, F. W. (1987). Sozialdemokratische Krisenpolitik in Europa. Frankfurt a. M.: Campus.

Scharpf, F. W. (1988). Inflation und Arbeitslosigkeit in Westeuropa: Eine spieltheoretische Interpretation. *Politische Vierteljahresschrift* 29:1, 6–41.

Scharpf, F. W. (2000a). Economic Changes, Vulnerabilities, and Institutional Capacities. In F. W. Scharpf, V. A. Schmidt (Hrsg.), *Welfare and Work in the Open Economy. Volume I. From Vulnerability to Competitiveness*, vol 1 (S. 20–124). Oxford: Oxford University Press.

Scharpf, F. W. (2000b). Interaktionsformen. Akteurzentrierter Institutionalismus in der Politikforschung. Opladen: Leske und Budrich.

Schnapp, K.-U. (2015). X-zentriertes Design. In R. Diaz-Bone, C. Weischer (Hrsg.), *Methoden-Lexikon für die Sozialwissenschaften* (S. 86). Wiesbaden: Springer.

Schneider, C. Q. & C. Wagemann (2012). Set-Theoretic Methods for the Social Sciences: A Guide to Qualitative Comparative Analysis. Cambridge: Cambridge University Press.

Schnietz, K. E. (2000). The Institutional Foundation of U.S. Trade Policy: Revisiting Explanations for the 1934 Reciprocal Trade Agreements Act. *Journal of Policy History* 12:4, 417–444.

Schöneck, N. M., G. Wenzelburger& F. Wolf (2012). Promotionsratgeber Soziologie. Wiesbaden: Springer.

Schurz, G. (2006). Einführung in die Wissenschaftstheorie. Wissenschaftliche Buchgesellschaft.

Seawright, J. (2016). Multi-method social science: Combining qualitative and quantitative tools. Cambridge: Cambridge University Press.

Sieberer, U. (2007). „Aber könnte es nicht auch sein dass…?“: Die Auswahl unabhängiger Variablen in X-zentrierten und Y-zentrierten Forschungsdesigns. In T. Gschwend, F. Schimmelfennig (Hrsg.), *Forschungsdesign in der Politikwissenschaft: Probleme – Strategien – Anwendungen*, vol Mannheimer Jahrbuch für Europäische Sozialforschung (S. 257–283). Frankfurt /New York: Campus.

Siewert, M. B. (2017). Process Tracing. In S. Jäckle (Hrsg.), *Neue Trends in den Sozialwissenschaften* (S. 239–271). Wiesbaden: Springer.

Sober, E. (1990). Contrastive empiricism. In C. W. Savage (Hrsg.), *Minnesota Studies in the Philosophy of Science* (S. 392–410). Minneapolis, MN: University of Minnesota Press.

Sober, E. (2015). Ockham's Razors: A User's Manual. New York: Cambridge University Press.

Sober, E. (2016). Replies to Kristin Andrews's, Gordon Belot's, and Patrick Forber's reviews. *Metascience* 25:3, 393–403.

Tomz, M. & R. P. Van Houweling (2008). Candidate Positioning and Voter Choice. *American Political Science Review* 102:03, 303–318.

Tsebelis, G. (1999). Veto Players and Law Production in Parliamentary Democracies: An Empirical Analysis. *The American Political Science Review* 93:3, 591–608.

Tsebelis, G. (2002). Veto Players. How Political Institutions Work. Princeton: Princeton University Press.

Vanberg, G. (2005). Verfassungsgerichtsbarkeit und Gesetzgebung: Zum politischen Spielraum des Bundesverfassungsgerichtes. In S. Ganghof, P. Manow (Hrsg.), *Mechanismen der Politik. Strategische Interaktion im deutschen Regierungssystem* (S. 183–213). Frankfurt: Campus.

Volden, C. & C. J. Carrubba (2004). The formation of oversized coalitions in parliamentary democracies. *American Journal of Political Science* 48:3, 521–537.

Wenzelburger, G., S. Jäckle & P. König (2014). Weiterführende statistische Methoden für Politikwissenschaftler: eine anwendungsbezogene Einführung mit Stata. München: Walter de Gruyter GmbH & Co KG.

West, K. J. & H. Lee (2014). Veto Players Revisited: Internal and External Factors Influencing Policy Production *Legislative Studies Quarterly* 39:2, 227–260. 10.1111/lsq.12043.

Wooldridge, J. M. (2013). Introductory Econometrics: A Modern Approach. Mason, USA: Cengage Learning.

York, R. (2018). Control variables and causal inference: a question of balance *International Journal of Social Research Methodology*, 1–10. 10.1080/13645579.2018.1468730.